Hubertus Humpff mit
JÜRGEN BRÄTER

LIEBLING,
hast du meine
Zähne gesehen?

Hubertus Humpff mit
JÜRGEN BRATER

LIEBLING,
hast du meine
Zähne gesehen?

Aus dem Alltag eines nicht
mehr ganz jungen Paares

Bibliografische Information der Deutschen Nationalbibliothek

Die Deutsche Nationalbibliothek verzeichnet diese Publikation in der Deutschen Nationalbibliografie; detaillierte bibliografische Daten sind im Internet über http://d-nb.de abrufbar.

Für Fragen und Anregungen

info@rivaverlag.de

Originalausgabe
1. Auflage 2019
© 2019 by riva Verlag, ein Imprint der Münchner Verlagsgruppe GmbH
Nymphenburger Straße 86
D-80636 München
Tel.: 089 651285-0
Fax: 089 652096

Redaktion: Petra Holzmann
Umschlaggestaltung: Isabella Dorsch
Umschlagabbildung: shutterstock.com/oneinchpunch, Christopher Elwell
Satz: Helmut Schaffer, Hofheim a. Ts.
Druck: CPI books GmbH, Leck
Printed in Germany

ISBN Print 978-3-7423-0912-9
ISBN E-Book (PDF) 978-3-7453-0576-0
ISBN E-Book (EPUB, Mobi) 978-3-7453-0577-7

Weitere Informationen zum Verlag finden Sie unter

www.rivaverlag.de

Beachten Sie auch unsere weiteren Verlage unter: www.m-vg.de

Inhalt

Vollsenior mit H

»He, lasst doch mal den Opa durch!«

Dieser schlichte Satz, von einem Halbwüchsigen auf einem überfüll-
ten Bahnsteig seinen Altersgenossen zugerufen, war für mich der
endgültige Beweis: Ich war definitiv zum »Vollsenior« geworden.

Was das ist? Nun, es gibt Deppen – und deren verschärfte Ausprä-
gung, die Volldeppen. Das ist wie bei den Pfosten und Vollpfosten.
Und eben auch bei den Senioren. Zu denen gehört man spätestens
mit 65. Und hat man dann die 75 erreicht, ist man – ob es einem nun
passt oder nicht – eben ein Vollsenior. Man könnte auch »Erzsenior«
sagen. So wie »Erzbischof«, »Erzengel« oder »Erzgauner«. Aber das
missfällt mir mindestens so sehr wie »Greis« – obwohl ich mir vollkommen bewusst bin, dass Angehörige meiner Altersgruppe noch zu
Zeiten meiner Eltern und vor allem Großeltern so genannt wurden.
Da klingt doch »Vollsenior« wesentlich sympathischer.

Doch erlauben Sie mir zunächst einmal, dass ich mich vorstelle. Das
hat man in meinem Alter nämlich verinnerlicht, das haben einem die
Eltern seit früher Jugend wieder und wieder eingetrichtert: Man stellt
sich jemandem, mit dem man es zum ersten Mal zu tun hat, formvollendet vor. Macht heutzutage ja kaum noch jemand. Wird meine
Enkelin Hilaria zum Beispiel bei einem Familienfest mal wieder von
einem neuen Freund begleitet, bequemt sie sich, wenn sie mich sieht,
allenfalls zu einem knappen »Das ist mein Opa«, wobei sie mit dem
Kopf kurz in meine Richtung nickt. Woraufhin der junge Mann mit

ziemlicher Sicherheit »Hallo« murmelt. Oder vielleicht auch nur »Hi«. Mehr jedenfalls nicht.

So etwas hat es in meiner Jugend nicht gegeben. Da hätte man dem Älteren mit einer tiefen Verbeugung – seinerzeit *Diener* genannt – beziehungsweise als Mädchen mit einem Knicks die Hand gereicht und etwas in der Art gesagt wie: »Guten Abend. Mein Name ist Sowieso Sowieso. Ich bin der Freund oder die Freundin Ihrer Enkelin oder Ihres Enkels ...« Dazu noch ein paar ergänzende Worte zu Herkunft und Eltern. Aber heute! Mehr als ein genuscheltes »Hallo« oder »Hi« ist bei den jungen Leuten nicht mehr drin.

Aber lassen wir das. Ich stelle mich Ihnen jetzt jedenfalls so vor, wie es sich gehört. Also, mein Name ist Hubertus Heinrich Humpff. Wobei ich das -us von Hubertus und den Heinrich nur beim Ausfüllen offizieller Dokumente und merkwürdigerweise auch beim Buchen von Flugtickets verwende. Weil das eben so Vorschrift ist. Sonst heiße ich einfach Hubert. Hubert Humpff. Ich bin 76 1/2 und habe bis vor elf Jahren auf dem hiesigen Humperdinck-Gymnasium Deutsch und Geschichte unterrichtet. Dort, genauer gesagt bei meiner Abschiedsfeier, habe ich meine jetzige Frau – es ist schon meine zweite – kennengelernt. Na ja, gekannt habe ich sie natürlich schon vorher, schließlich war sie die Leiterin des Schulsekretariats. Aber bei besagter Feier und vor allem in der Zeit danach sind wir uns – wie sagt man so schön? – nähergekommen. Und ein knappes Jahr später waren wir ein Ehepaar.

Wesentlich vereinfacht wurde das für mich durch die Tatsache, dass sie Hulda heißt. Dazu müssen Sie wissen, dass ihr Vater Pfarrer war und seine drei Kinder allesamt nach irgendwelchen obskuren Bibelgestalten benannt hat. Ich kenne mich da nicht so aus. Der Name Hulda hat jedenfalls den entscheidenden Vorteil, dass er mit H beginnt. So wie meiner und der meiner ersten Ehefrau Henriette, genannt Henni. Mit vollem Namen hieß meine jetzige Frau vor unserer Ehe Hulda Rümeling-Dumpf. Rümeling war ihr Mädchenname und

Dumpf derjenige ihres ersten Ehemannes. Deshalb hat sie kurz erwogen, künftig Hulda Rümeling-Dumpf-Humpff zu heißen, doch das klang ihr dann doch zu abgehoben. So hat sie schweren Herzens sowohl auf den Rümeling als auch auf den Dumpf verzichtet und sich für den schlichten Namen Hulda Humpff entschieden.

Doch noch mal kurz zurück zu Henni. Weil sie und ich die zwei Anfangs-H in Hubert und Henriette seinerzeit als gutes Omen für eine glückliche Beziehung werteten, haben wir auch unseren Kindern Hannes und Hanna ein identisches Initial auf ihren Lebensweg mitgegeben. Das hat sie offenbar so geprägt, dass sie sich, als sie begannen, sich nach einem Lebenspartner umzusehen, ebenfalls nur Hs in die engere Auswahl zogen. So hat Hanna – sie ist mittlerweile 48 – nach etlichen Beziehungen mit diversen Herberts, Hugos und einem Hakim schließlich einen Herwig geehelicht. Von dem hat sie sich nach der Geburt der Töchter Hilaria und Helmine allerdings ziemlich schnell wieder getrennt und ist seitdem alleinerziehende Mutter zweier heute 19 und 17 Jahre alter Mädchen.

Und Hannes? Der hat während eines längeren Aufenthalts in England seine Frau Helen kennengelernt, die ihm zwei Söhne, den mittlerweile 14-jährigen Horatio und als Nachzügler den nun siebenjährigen Harvey, geschenkt hat. Da lebten sie aber schon eine ganze Weile wieder in Deutschland, wo Hannes als Physiotherapeut und Helen als Englischlehrerin an einer Realschule tätig ist.

Meine erste Frau, Henni, hat leider schon mit 62 Jahren das Zeitliche gesegnet, nachdem ihr ein Gehirntumor die letzten Jahre zur Hölle gemacht hatte. Drei Jahre später war dann besagte Abschiedsfeier, und seither sind Hulda und ich ein Paar. Sie ist erst 73, also noch recht jung. Deshalb kann sie manches, was mich bewegt oder mir Sorgen macht, nicht verstehen. Selbst wenn ich mit erhobenem Zeigefinger sage: »Warte nur, bis du in mein Alter kommst«, macht sie das nicht einsichtiger. Aber was soll's.

Womit ich mir den lieben langen Tag die Zeit vertreibe? Nun, zum einen lese ich gerne, vorzugsweise deutsche Romantiker. Heinrich Heine hat es mir besonders angetan. Kein Wunder, bei dem Namen! Von dem kenne ich die meisten Gedichte sogar auswendig. Oder kannte sie zumindest mal. Zum anderen bin ich leidenschaftlicher Sammler – und in dieser Eigenschaft ständig auf allen möglichen Flohmärkten unterwegs, auch auf weiter entfernten. Da halte ich dann eifrig Ausschau nach Büsten bedeutender Persönlichkeiten. Büsten von Staatsmännern und -frauen, Dichtern und Musikern, aber auch von Schauspielern, Sportlern, Wissenschaftlern und anderen Berühmtheiten beiderlei Geschlechts. Große Büsten, kleine Büsten, Büsten aus Gips, Holz und Metall, mit und ohne Sockel, einfarbig und bunt. Und die trage ich dann freudig nach Hause. Im Keller unserer Doppelhaushälfte habe ich mir extra einen Raum eingerichtet, in dem ich meine Schätze in Glasvitrinen dekorativ zur Schau stelle. Cäsar und Goethe etwa, von denen habe ich jeweils acht unterschiedliche Versionen. Aber auch Charlie Chaplin, Königin Victoria und Max Schmeling. Irgendwann in nicht allzu ferner Zukunft werde ich wohl der Vollständigkeit halber sogar gezwungen sein, meine Sammlung mit Büsten von Heino, Lothar Matthäus und Dieter Bohlen zu komplettieren. Aber die muss ich dann ja nicht in die vordere Reihe stellen. Doch nicht nur in meinem Kellerraum, also gleichsam im Verborgenen, sondern im ganzen Haus blicken honorige Persönlichkeiten – heute würde man Promis sagen – mehr oder minder würdevoll auf uns und unsere Gäste herab.

Hulda hat übrigens keine Kinder. Irgendein Problem mit der Eileiterschleimhaut, hat sie mir mal erklärt. Das habe sich erst während ihrer ersten Ehe herausgestellt und sei der Grund gewesen, weshalb sich ihr damaliger Mann von ihr getrennt habe. Seither sei sie sich immer wie eine Frau zweiter Klasse vorgekommen. Aber das ist ja jetzt vorbei. Denn nun hat sie auf einmal zwei Stiefkinder und vier Stiefenkel – sagt man das so? – am Hals, mit denen sie sich irgendwie arrangieren muss. Was sie bemerkenswert gut hinbekommt. Dazu noch meinen Hund, ein zotteliges Kerlchen, das ich mir nach Hennis Tod angeschafft habe, um nicht gar so allein zu sein. Ich habe ihn in München aus dem Tierheim geholt und, da es sich angeblich um einen »Oberpfälzer Waldspitzterrier« handelt, auf den bayerischen Namen »Herr von Hinterhuber« getauft. Auf den hört er erstaunlich gut, wenn auch nur in der Komplettversion. Ohne den »Herrn« vor dem »Hinterhuber« tut er dagegen so, als hätte er keine Ahnung, wer gemeint ist. Na ja, wenn er darauf besteht. Mir ist das letztlich egal.

Er ist ein wirklich lieber Hund mit nur einer einzigen Macke: Er rastet total aus, wenn er ein kleines schwarzes Tier, etwa ein Eichhörnchen, aber auch eine Katze oder eine Krähe sieht. Ja, er muss sie nicht mal sehen, es reicht, dass er sie wittert. Dann knurrt er wie eine Sibirische Bulldogge, fletscht die Zähne und reißt an seiner Leine, dass ich jedes Mal Angst habe, das teure Stück könnte reißen. Wie er es schafft, geruchlich zwischen schwarz und anderen Farben zu unterscheiden, bleibt sein Geheimnis. Fest steht jedenfalls, dass ihm weiße, graue, braune oder irgendwie gesprenkelte Kleintiere ganz und gar schnuppe sind.

So muss ich halt, wenn ich ihn bei unseren Spaziergängen von der Leine lasse, die ganze Zeit aufmerksam in die Gegend spähen, um ihn, sobald ich auch nur von fern irgendetwas kleines Schwarzes sehe, sofort anzuleinen. Das ist manchmal ganz schön mühsam, aber ich habe mich daran gewöhnt. Irgendeine Sorge muss man ja haben.

Tatsächlich wäre ich froh, wenn das mein einziger Kummer wäre. Doch das ist leider mitnichten so. Denn mit jedem Jahr, das ich älter werde, macht mir mein Leben als Vollsenior mehr und mehr zu schaffen. Obwohl ich, verglichen mit etlichen Altersgenossen, die mir pausenlos ihr Leid klagen, eigentlich noch ganz gut klarkomme. Aber urteilen Sie selbst.

Auf der Straße

Seit über 30 Jahren fahre ich einen Mercedes 190 Diesel, Baujahr 1983. Weinrot und mit H-Kennzeichen. Sieht man von der fehlenden Servolenkung ab, die ich aber auch erst seit einigen Jahren vermisse, ist das wirklich ein prachtvolles Auto. Robust, geräumig, elegant. Sogar mit rechtem Außenspiegel, seinerzeit eine ebenso kostenpflichtige Sonderausstattung wie das abschließbare Handschuhfach. 212 000 Kilometer hat das Gefährt mittlerweile auf dem Buckel. Und fährt immer noch wie eine Eins.

Allerdings ist es seit ein paar Jahren vor allem Hulda, die die Karosse lenkt. Zumindest auf der Autobahn. Denn da geht es mir viel zu hektisch zu. Da bekomme ich als Fahrer feuchte Hände, Magenkrämpfe und Knieschlottern. Das muss ich mir nicht antun. Zum Glück macht Hulda der irrsinnige Verkehr nichts aus. Im Gegenteil. Sie hält nicht nur munter mit, sondern bemüht sich oft sogar noch, die anderen Fahrer in puncto Dynamik zu übertrumpfen.

So wie letzten Mittwoch, als wir zur Geburtstagsfeier eines ihrer Neffen eingeladen waren. Der wohnt mit seiner Frau und den Kindern rund 120 Kilometer weit weg. Da kommt man zwar auch über Bundes- und Landstraßen hin – ich persönlich würde diese Strecke bevorzugen –, aber Hulda meint, das nervige Gekrabbel hinter irgendwelchen Brummis, die dicke Abgaswolken aus dem Auspuff blasen, gehe ihr so was von auf die Nerven. Will heißen: Sie besteht auf das Fahren auf der Autobahn. Und da lässt sie dann, wie mein Enkel Harvey sagen würde, »voll die Sau raus«.

»Musst du so rasen?«, frage ich mit zittriger Stimme, während ich mich mit beiden Händen am Griff über der Beifahrertür festklammere.

»Ich rase nicht«, kommt es spitz von links. »Ich passe mich dem Verkehrsfluss an und fahre gerade mal 130.«

»Mit 90 kämen wir genauso gut an. Wir haben doch Zeit.«

Hulda schnaubt genervt. »Blödsinn! Ich will doch nicht den ganzen Verkehr aufhalten.«

Ich würde mir gern den Schweiß von der Stirn wischen, traue mich aber nicht, den Griff zu lockern. »Wozu gibt es denn eine linke Spur? Sollen die lebensmüden Chaoten, die hier unterwegs sind, doch an uns vorbeirasen.«

Doch Hulda denkt gar nicht daran, auf meine Einwände zu hören. Vielmehr schert sie unvermittelt nach links aus und überholt drei Autos, die keineswegs krabbeln, sondern selbst auch ganz schön flott unterwegs sind. Wobei sie zwischen denen gnadenlos auf der linken Spur bleibt. Hat sie noch nie vom Rechtsfahrgebot gehört?

Bundes- und Landstraßen prescht Hulda, wenn es der Verkehr zulässt, mit mindestens 100 Sachen entlang. Als müsste sie einen Geschwindigkeitsrekord aufstellen. Wenn *ich* fahre – das heißt, wenn ich allein unterwegs bin –, steigt der Tacho nie über 70. Damit bin ich noch überall hingekommen. Und zwar rechtzeitig. Wie hat mir doch mein Vater immer eingebläut? »Es gibt kein Zu-spät-Kommen, es gibt nur ein Zu-spät-Losfahren.« Und wenn sich hinter mir eine Schlange bildet, sollen die doch froh sein, dass ich nicht mehr Gas gebe. Schließlich können sie mich doch umso leichter überholen, je langsamer ich bin.

Nein, dass ich bereits 32 Jahre unfallfrei fahre, hat schon seinen Grund. Und auch, dass ich seit ewigen Zeiten keinen Strafzettel mehr bekommen habe. Zum Beispiel in der Stadt: Da gibt es mittlerweile so viele 30er-Zonen, dass man ständig Gefahr läuft, wegen zu schnellen Fahrens geblitzt zu werden. Das kann *mir* nicht passieren. Denn seit einigen Jahren habe ich mir angewöhnt, die 30 innerstädtisch prinzipiell nicht zu überschreiten. Sicher ist sicher. Die Langsamfahr-Zonen können mir seither vollkommen gleichgültig sein.

Oder an der Ampel. Da kann mir ein Unfall wie der unseres Bekannten Uwe nicht passieren. Der wollte nämlich, als das Licht vor ihm von Grün auf Gelb umschaltete, noch schnell über die Kreuzung zischen. Doch im letzten Moment hat er sich's anders überlegt und vorschriftsmäßig gebremst. Und zack, kracht ihm sein Hintermann, der wohl auch noch mit rüber wollte, mit Karacho hinten rein. Ich dagegen nähere mich einer grünen Ampel immer bewusst so langsam, dass ich, sollte sie plötzlich auf Gelb umschalten, nur leicht bremsen muss, um ganz gemütlich zum Stillstand zu kommen. So was nennt man defensives Fahren. Und wenn dann wieder Grün kommt, schaue ich zuerst gründlich nach links und rechts, bevor ich losfahre. Hört und liest man nicht immer wieder von Verkehrsrowdys, die in der Stadt Privatrennen veranstalten und dabei hemmungslos rote Ampeln überfahren? Klar, hin und wieder kommt es vor, dass jemand hinter mir hupt. Aber das ist mir egal. Zahlt der mir etwa den Schaden, wenn es kracht?

Das einzige echte Problem, das ich ab und zu beim Autofahren habe, ist, dass ich den Mittelstreifen doppelt sehe und dann dummerweise nicht weiß, welcher der richtige ist. Die ersten Male, in denen mir das passiert ist, habe ich mich sicherheitshalber für den rechten entschieden. Aber das ist spätestens dann problematisch, wenn sich am Fahrbahnrand ein markierter Fahrradweg entlangzieht. Tatsächlich hätte ich durch meine Entscheidung für den rechten Streifen einmal fast einen Radler über den Haufen gefahren, und ein andermal bin ich versehentlich auf den Gehsteig geraten, was ich, ehrlich gesagt, erst gemerkt habe, als die Leute schreiend zur Seite hechteten. Aber das waren die einzigen Zwischenfälle, an die ich mich erinnere. Und die sind ja zum Glück beide gut ausgegangen. Hulda habe ich davon natürlich nichts erzählt. Wenn ich allerdings heute an die Sache mit dem Gehsteig zurückdenke, muss ich zugeben, dass ich dabei ganz schön Glück gehabt habe. Denn wenn ich einen oder gleich mehrere Passanten erwischt hätte, hätte man mich bestimmt für einen arabischen Terroristen bei der Ausführung eines mörderischen Anschlags gehalten.

Zu meiner Ehrenrettung muss ich allerdings sagen, dass beim ersten Mal, als ich versehentlich auf den Gehsteig gefahren bin, die Sonne schuld war. Denn die schien mir, nachdem ich an einem Kreisverkehr abgebogen war, plötzlich mit solcher Wucht ins Gesicht, dass ich total geblendet, will heißen praktisch blind war. Und was tut man in einem solchen Fall ganz automatisch? Na klar, Sonnenblende runterklappen, und zwar schleunigst! Doch fatalerweise habe ich beim Griff nach der blöden Klappe zweimal ins Leere gefasst, und das hat mich so abgelenkt, dass ich mich plötzlich auf dem Gehsteig wiedergefunden habe. Doch wie heißt es so schön? Man darf ruhig Fehler machen, bloß keinen zweimal. Deshalb habe ich aus dem unerfreulichen Vorfall Konsequenzen gezogen: Ich fahre seitdem grundsätzlich mit Hut auf dem Kopf. Mit einem breitkrempigen Exemplar im Stil von Indiana Jones, der mich vor überraschenden Sonnenattacken viel besser und vor allem schneller schützt als jede Sonnenblende.

Von den Gehsteigausflügen abgesehen, hat es mit mir auf der Straße keine bemerkenswerten Zwischenfälle gegeben. Ich bin zwar vielleicht nicht so schnell unterwegs wie die jugendlichen Raser heutzutage, aber doch noch immer dort angekommen, wo ich hinwollte. Weder habe ich jemals den Vorwärts- mit dem Rückwärtsgang verwechselt noch bin ich statt auf die Bremse aufs Gaspedal getreten.

Und die Bundesstraße, die sie vor ein paar Jahren vierspurig ausgebaut haben, habe ich bisher auch nur ein einziges Mal in verkehrter

Richtung befahren. Das wäre mir, ehrlich gesagt, nicht einmal aufgefallen, hätten mich die entgegenkommenden Autofahrer nicht allesamt so hektisch angeblinkt. Zuerst habe ich gedacht, da kommt gleich eine Radarfalle, und bin bewusst langsam gefahren. Selbst als der Sprecher im Autoradio für den Streckenabschnitt, auf dem ich gerade unterwegs war, eine Warnmeldung verkündet hat, habe ich mich nicht betroffen gefühlt. Ich bin lediglich seiner Empfehlung gefolgt und schön brav rechts geblieben und habe nicht überholt. Was ich ja eh so gut wie nie tue. Gewundert habe ich mich erst, als ich mehr als eine halbe Stunde früher am Ziel war als sonst. Aber darüber habe ich mir seinerzeit keine großen Gedanken gemacht.

Erst als ich beim Frühstück am nächsten Tag in der Zeitung von dem Vorfall auf der Schnellstraße gelesen habe, ist mir plötzlich ein Licht aufgegangen. Zum Glück habe ich den Lokalteil an diesem Tag als Erster durchgeblättert. So hatte ich mich, als Hulda eine Viertelstunde später die Seite aufschlug und verständnislos den Kopf schüttelte, schon wieder so weit von dem Schrecken erholt, dass ich mit halbwegs fester Stimme behaupten konnte, so etwas könne mir nie und nimmer passieren. »Ist doch unglaublich«, habe ich geschimpft, »was für Deppen auf unseren Straßen rumfahren. Denen sollte man allesamt den Führerschein abnehmen!«

»Wahrscheinlich wieder so ein alter Knacker«, hat Hulda brötchenkauend zugestimmt. »Der's nicht mehr peilt.«

Dabei ist sie selbst es, die beim Autofahren Etliches nicht kapiert. Beispielsweise die Sache mit dem Gang. Hulda bringt es glatt fertig, im vierten durch die Stadt zu rollen. Mit 50, das müssen Sie sich mal vorstellen!

»Wenn du weiter so fährst, brauchst du dich nicht zu wundern, wenn der Motor seinen Geist aufgibt«, habe ich erst neulich wieder geschimpft.

»Warum denn das?«, hat sie schnippisch zurückgegeben. »Mit so einer Fahrweise spart man eine Menge Benzin. Haben sie erst letzte Woche im Fernsehen gebracht.«

»Blödsinn!«, habe ich gefaucht. »Wenn der Motor hinüber ist, brauchst du überhaupt kein Benzin mehr.«

Aber sie hat sich um meine doch weiß Gott berechtigten Einwände mal wieder nicht geschert und ist die Gartenstraße weiter mit 50 im vierten Gang stadteinwärts gerollt. Ich habe den Motor regelrecht stöhnen gehört!

Mir passiert so etwas nicht. Innerstädtisch lege ich grundsätzlich den zweiten Gang ein, und nur wenn auf einer breiten Ausfallstraße mal 70 Sachen erlaubt sind, schalte ich in den dritten. Nicht ohne Grund hat mein 190er mittlerweile mehr als 200 000 Kilometer auf dem Buckel. Das sagt doch alles.

Als Hulda und ich noch kein Paar waren, hat sie noch ihr eigenes Auto besessen. Einen von diesen kleinen Japanern oder Koreanern, die kein Mensch auseinanderhalten kann. Aber den habe ich ihr schnell ausgeredet. Wozu brauchen wir zwei Autos? Bei den horrenden Benzinpreisen heutzutage! Das heißt doch, das Geld zum Fenster rausschmeißen. Und dann auch noch einen Asiaten! Der reinste Schrott, wenn Sie mich fragen. Mit jeder Menge unnützem Schnickschnack. Was sollen wir zum Beispiel mit so einem neumodischen Navigationsgerät? Also, ich traue den Dingern prinzipiell nicht. Erst neulich stand wieder in der Zeitung, dass so ein Teil eine Frau nicht nur in einen kaum befahrbaren Waldweg, sondern am Ende sogar in einen Tümpel gelotst hat – in dem ihr Auto dann kopfüber stecken blieb.

So was kann *mir* nicht passieren, das können Sie mir glauben. Bis heute habe ich mein Ziel noch so gut wie immer gefunden. Und die paar Male, in denen ich woanders gelandet bin, habe ich auf diese Weise reizende Gegenden kennengelernt, wo ich sonst nie und nimmer hingekommen wäre. Hat doch auch was. Nein, auf ein Navi – ich glaube, so nennt man die Dinger – kann ich wirklich verzichten. Wozu gibt es Straßenkarten? Aber die kann halt von den jungen Leuten heute keiner mehr lesen. Was allerdings auch für Hulda gilt. Wenn ausnahmsweise einmal ich fahre und sie den Shell-Atlas auf dem Schoß hat, kann ich sicher sein, dass sie auf meine Frage »Bei der Abzweigung da vorne rechts oder links?« allenfalls hilflos stammelt oder, wenn sie sich nach endlosem Nachdenken schließlich für eine der beiden Möglichkeiten entschieden hat, mich grundsätzlich in die falsche Richtung schickt. Aber zum Glück ist es ja meistens sie, die links sitzt. Dann kann sie sich hundertprozentig auf mich als Navi-Ersatz verlassen. Weil ich nämlich mit Straßenkarten noch nie Probleme hatte und bis heute nicht habe. Was machen die vielen technikgläubigen Autofahrer denn, frage ich mich oft, wenn das blöde Navi mal ausfällt? Bleiben Sie dann ratlos stehen und lassen sich vom ADAC zu ihrem Ziel schleppen? Inzwischen habe ich mich mit Hulda auf einen Kompromiss geeinigt: Wenn sie mit dem Mercedes allein unterwegs ist, klebt sie ein mobiles Gerät, das sie sich im Internet gekauft hat, an die Frontscheibe. Aber nur dann. Sitze ich dagegen neben ihr, liegt die Karte griffbereit.

Ein einziges Mal, als Hulda und ich uns gerade näher kennengelernt hatten, hat sie mir ihren Kleinwagen geliehen. Weil mein Mercedes gerade in der Inspektion war. Blöderweise habe ich das akzeptiert. Einmal und nie wieder, sage ich Ihnen! Bis zum Schluss war mir schleierhaft, wie man das klobige Teil, das links aus der Lenksäule herausragt und mit dem man laut Hulda nicht nur das Licht, sondern auch den vorderen und hinteren Scheibenwischer einschließlich der Waschfunktion bedient, kippen, drehen und schwenken muss. Selbst das Radio kann man damit angeblich lauter oder leiser stellen. Was für ein umständliches Ding! Aber am schlimmsten war, dass der Motor an jeder Ampel, kaum hatte ich den Leerlauf eingelegt, ausgegangen ist. Jedes Mal habe ich, während ich auf Grün wartete, Blut und Wasser geschwitzt, ob er wohl wieder anspringen würde. Was er –

das zuzugeben gebührt der Anstand – erstaunlicherweise immer tat. Trotzdem war ich, als ich schweißgebadet wieder zu Hause ankam, fix und fertig.

Zum Glück hat Hulda sich nach langem Gemecker schließlich überzeugen lassen, die Karre zu verkaufen. Von dem Geld haben wir uns eine zehntägige Bildungsreise zu den antiken Stätten Kleinasiens geleistet. Mit dem Flugzeug nach Istanbul, dann weiter mit dem Bus. Dessen Fahrer – auch er nicht mehr der Jüngste – brauchte zu meiner stillen Genugtuung kein Navi, um die diversen Ziele sicher anzusteuern. Und der Motor blieb die ganze Fahrt über an.

Wie bei meinem 190er.

Dr. House sei Dank

Den Ruhestand erreicht zu haben, hat einen enormen Vorteil: Man kann sich endlich intensiv um seine Gesundheit kümmern. Wie oft bin ich früher mit Kopfschmerzen, Schniefnase, dumpfem Bauch- und brennendem Halsweh in die Schule gegangen, nur um mir ja nicht nachsagen zu lassen, ich würde bei jedem kleinen Zipperlein krankfeiern. Wie oft habe ich mich leidend durch die Unterrichtsstunden gequält und dabei nur den einen Wunsch gehabt: möglichst bald nach Hause ins Bett zu kommen.

Damit ist seit meiner Pensionierung Schluss! Seither habe ich viel mehr Zeit, in meinen Körper hineinzuhören, um beizeiten zu erspüren, woran es ihm fehlt. Und wenn ich daraufhin den Verdacht habe, bei mir sei irgendetwas nicht so, wie es sein sollte, rufe ich umgehend beim Arzt an. Einen Termin bekomme ich als Privatpatient in der Regel schon am nächsten oder übernächsten Tag und bei Schmerzen sogar auf der Stelle. Wenn ich dann im Wartezimmer sitze, fühle ich mich gleich besser. Denn den größten Teil der Männer und Frauen, die dort auf den schäbigen Stühlen hocken, kenne ich mittlerweile sehr gut. So wird für mich jeder Arztbesuch zu einer Art Wiedersehensfeier mit lieben Freunden. Wir begrüßen uns mit lautem Hallo, umarmen uns innig und bequatschen ausgiebig, was es Neues gibt. Wobei sich unser Gespräch keinesfalls auf unsere jeweiligen Beschwerden beschränkt, auch wenn die natürlich im Mittelpunkt stehen. Denn schon seit Längerem beglückwünschen wir uns gegenseitig auch zu unseren Geburts-, Namens- und sonstigen Festtagen; und wenn es etwas zu feiern gibt – etwa die Ankunft eines neuen Enkels oder einer Enkelin –, spendiert der Jubilar schon mal ein Fläschchen Schampus.

Wenn uns dann die Helferin aufruft, lassen wir an solchen Tagen gerne anderen, uns weniger bekannten Patienten den Vortritt.

Neben dem geselligen Aspekt bietet unsere stets wechselnde Wartezimmerrunde aber auch noch einen entscheidenden Mehrwert: Man erfährt dabei eine Menge über den menschlichen Körper und seine Krankheiten. Wenn Frau Mörbeling ihren Rock hebt und uns stolz den nässenden Ausschlag auf der Innenseite ihrer Oberschenkel zeigt oder wenn Herr Rückert den Auswurf, den er vor unser aller Augen mit zwei, drei beherzten Hustenstößen aus seiner Lunge katapultiert, anschließend auf einer eigens mitgebrachten Untertasse von Hand zu Hand gehen lässt, hat das schon einen hohen didaktischen Effekt. Fakt ist daher, dass ich von jedem Arztbesuch nicht nur bestens gelaunt, sondern auch um einiges schlauer nach Hause gehe. Ob der Doktor mir persönlich geholfen hat, ist dabei fast zweitrangig. Zumal mir ein ärztlicher Misserfolg ja einen willkommenen Anlass liefert, in den nächsten Tagen gleich noch einmal in der Hausarztpraxis vorzusprechen. In den Wartezimmern der Fachärzte, die ich naturgemäß seltener aufsuche, kenne ich dagegen nur den einen oder anderen Patienten näher, mit dem es in der Regel bei einer unverbindlichen Unterhaltung bleibt.

Wenn man wie ich zwei- bis dreimal pro Monat beim Doktor erscheint, zu dem man – ebenfalls wie ich – irgendwann ein mindestens ebenso inniges Verhältnis entwickelt wie zu seinem Ehepartner, wird man mit der Zeit zwangsläufig zu einem medizinischen Experten par excellence. So kenne ich etwa sämtliche relevanten Laborwerte des menschlichen Körpers auswendig und weiß genau, was es bedeutet, wenn sie nicht so sind, wie sie sein sollen. Und natürlich, was dann jeweils zu tun ist. Deshalb ist mir oft schon – bevor der Arzt mich auch nur angesehen hat – vollkommen klar, worunter ich momentan gerade leide und was er gleich unternehmen wird. Eigentlich könnte ich ihm in solchen Fällen die präzise Diagnose gleich mitliefern, aber das wäre natürlich nur der halbe Spaß. Schließlich ist es jedes Mal wieder spannend, ob er auch ohne mein Zutun darauf kommt, woran es bei mir aktuell hapert, oder ob ich ihm erst mit gezielten Informationen auf die Sprünge helfen muss, bis ich ihm schließlich zu seiner finalen Schlussfolgerung gratulieren kann.

Ein nicht zu unterschätzendes Problem bei meinen häufigen Arztbesuchen in wechselnden Praxen sind die Tabletten, Dragees und Kapseln, die mir der Arzt oder die Ärztin jedes Mal verschreibt. Sie glauben ja nicht, was da so alles zusammenkommt. Würde ich die alle schlucken, wäre ich danach erst richtig am Hund. Deshalb habe ich die Rezepte eine Zeit lang einfach nicht eingelöst, aber das bringt es irgendwie auch nicht. Schließlich muss ich für meine Krankenversicherung jeden Monat eine Menge Geld berappen. Da sehe ich gar nicht ein, warum ich ihr die Arzneikosten schenken soll. Dann mache ich es lieber wie mein Freund Erwin, der die ihm verordneten Medikamente im Zoo an die Tiere verfüttert. Das macht wirklich einen Riesenspaß. Zu beobachten, wie der Löwe plötzlich scheinbar grundlos auf den Hinterbeinen Pirouetten dreht oder das Zebra meint, es sei ein Braunbär, und laut brummend versucht, einen Baum hochzuklettern, ist schon großes Kino. Vor allem, wenn man dabei den Kommentaren anderer Zoobesucher lauscht, die versuchen, ihren Kindern das merkwürdige Verhalten der Tiere mit abstrusen Theorien zu erklären. So habe ich einmal feixend mit angehört, wie ein junger Vater seiner kleinen Tochter erzählte, die Pinguine würden vor lauter Lebensfreude Walzer tanzen, nachdem ich ein Fläschchen mit antidepressiven Tropfen in ihr Becken gekippt hatte.

Dass ich mich mit Hulda so gut verstehe, hat sicher auch entscheidend damit zu tun, dass sie in puncto Körper und Gesundheit genauso tickt wie ich. *Sie* war es, die die *Apotheken-Umschau* mit in die Ehe gebracht hat. Eine komplette Sammlung sämtlicher Hefte seit 1962, säuberlich etikettiert in Sammelboxen verwahrt. Diejenigen ab 1990 habe ich inzwischen allesamt von vorne bis hinten durchgelesen, und alle zwei Wochen freuen wir uns schon auf die neue Ausgabe, die unsere Apothekerin immer zuverlässig für uns zurücklegt. Und zwar gleich doppelt, damit es zwischen uns keinen Streit gibt, wer zuerst mit Lesen dran ist. Kein Wunder daher, dass auch Hulda ohne Probleme eine Arztpraxis eröffnen könnte. Ja, ich wage sogar zu behaupten, dass sie manch greisen Hausarzt zwar nicht in puncto Erfahrung, aber allemal hinsichtlich ihres profunden medizinischen Wissens locker in den Schatten stellen würde.

Außerdem bemühen wir uns nach Kräften, auch nicht eine einzige Folge von *Visite*, *Hauptsache Gesund*, *rbb praxis* und wie die einschlägigen Fernsehsendungen alle heißen, zu verpassen. Auch wenn uns das, was da gezeigt und besprochen wird, natürlich zum größten Teil längst vertraut ist. Aber irgendetwas lernt man ja bekanntlich immer dazu. Und wenn es nur der eine oder andere neue Fachausdruck ist, mit dem man dann im Freundes- und Bekanntenkreis, wo Krankheit das mit Abstand beliebteste Unterhaltungsthema ist, mächtig Eindruck schinden kann. Bezeichnungen wie *Globoidzellen-Leukodystrophie*, *Ductus epididymidis*, *Pseudohypoparathyreoidismus* und *Choledochojejunostomie* gehen uns schon nach wenigen Übungseinheiten lässig über die Lippen. Und oft müssen wir herzhaft lachen, wenn ehemalige und aktuelle Fernsehärzte wie Dr. Brinkmann, Dr. Sommerfeld oder Dr. House beziehungsweise ihre Synchronsprecher mit derlei Zungenbrechern ihre liebe Müh und Not haben.

Fakt ist jedenfalls, dass wir beide dank unserer herausragenden medizinischen Kenntnisse bei den Vollsenioren in der Altenbegegnungsstelle ausgesprochen gern gesehen sind. Wenn die greise Frau Hüttel darüber klagt, dass ihr vor allem bei Südostwind und nach einem heftigen Gewitter ein quälendes Zucken in ihrem rechten Ringfinger zu schaffen macht oder der nicht minder betagte Herr Ludewig berichtet, er verspüre beim Stuhlgang oft ein heftiges Brennen im linken Gehörgang, freuen sich alle über unsere kundigen und zudem noch kostenfreien Ratschläge. Und wenn es um künstliche Hüften, Knie und Schultern oder andere körperliche Ersatzteile geht, können wir sogar aus eigener Erfahrung mitreden. Zwar halten Hulda mit ihrer einseitigen Hüftprothese und ich mit meiner neuen Augenlinse sowie dem herausnehmbaren Zahnersatz bei Weitem nicht mit anderen Kaffeekränzchen-Teilnehmern mit, aber gänzlich unerfahren sind wir jedenfalls auch nicht. Stolze Rekordhalterin ist in dieser Beziehung Frau Pümmerl-Grimm, die gleich mit zwei künstlichen Hüften, einem künstlichen Knie und einem Cochlea-Implantat im Innenohr aufwarten kann. Was sie auch bei jeder passenden und unpassenden Gelegenheit lautstark kundtut.

Apropos Zahnprothese: Seit man mir vor drei Jahren mehrere lockere Beißer ziehen musste, bin ich Träger einer solchen. Die ist mit sogenannten Teleskopkronen an den Nachbarzähnen befestigt und sitzt eigentlich tadellos. Jedenfalls konnte ich schon nach erstaunlich kurzer Eingewöhnungszeit prima damit essen. Und die Befürchtung, man sähe die Prothese beim Sprechen, weshalb ich anfangs krampfhaft vermied, meinen Mund weit zu öffnen, mir beim Gähnen schamhaft die Hand vors Gesicht hielt und sicherheitshalber lieber »Ho-ho-ho« statt »Ha-ha-ha« lachte, erwies sich zum Glück ebenfalls als unbegründet.

»Gewöhn dir unter allen Umständen an, das Teil, wenn du es nicht im Mund hast, immer an derselben Stelle zu deponieren«, hat mich mein Freund Josef seinerzeit ernsthaft ermahnt. »Es sei denn, du willst unbedingt in Schwulitäten kommen.«

Ich habe mir seine Worte wirklich zu Herzen genommen. Doch dann erreicht mich eines Tages ein dringend erwartetes Telefonat ausgerechnet zu dem Zeitpunkt, als ich gerade beim Prothesenputzen bin. Ohne lange zu überlegen, lege ich das Ding auf den Klodeckel und eile zum Apparat. Und als ich zurückkomme, sind meine Zähne weg. Einfach verschwunden. Als hätten sie sich in die sprichwörtliche Luft aufgelöst. Nachdem ich zigmal »SO EINE SCHEISSE! DAS GIBT'S DOCH NICHT!« geflucht habe, mache ich mich daran, das Teil überall zu suchen. Kremple alle meine Taschen um und stelle sogar den Behälter mit der Schmutzwäsche auf den Kopf. Selbst im Papierkorb, im Kühlschrank und in der Spülmaschine sehe ich gründlich nach. Doch die teure Prothese ist und bleibt verschwunden.

»Liebling«, nuschle ich in meiner Not schließlich Hulda an, »hast du vielleicht meine Zähne gesehen?«

Sie versteht mich nicht gleich, doch dann tut sie etwas, womit ich am wenigsten gerechnet hätte: Sie lacht. Lauthals und wiehernd. Kriegt sich gar nicht mehr ein vor Vergnügen. »Du ... hast deine ... Zähne verloren ...«, japst sie, von heftigen Lachanfällen unterbrochen. »Das ist ... der totale ... Brüller! Slapstick pur!« Doch nach und nach wird sie ernster, und schließlich erkundigt sie sich, wo ich das Teil denn hingelegt hätte. Und ob ich da auch ganz sicher wäre. Und dann erklärt sie, eine Zahnprothese könne ja nun mal nicht weglaufen, also müsse sie jemand weggeschafft haben.

»Ich nicht«, weise ich sofort jeden Verdacht von mir.

»Und ich auch nicht«, verkündet sie entschieden. »Also muss es jemand anders gewesen sein, das ist doch klar. Und wer könnte das wohl sein?«

In dem Moment wird mir mit einem Mal klar, worauf sie hinauswill, und ein eisiger Schreck durchfährt mich. »Der Köter! Herr von Hinterhuber! Ach du Scheiße!« Normalerweise fluche ich nicht so ordinär, das können Sie mir glauben, aber normalerweise suche ich auch nicht ein Körperersatzteil, das ein Vermögen gekostet hat und ohne das ich total aufgeschmissen bin.

Um es kurz zu machen: Die Vermutung, der Hund sei der Übeltäter, erweist sich als Volltreffer. Und zum Glück hat er meine Zähne ganz behutsam weggetragen, ohne sie in Stücke zu zerbeißen. Das stellt sich schnell heraus, als wir das Teil in seinem Körbchen wiederfinden und ich nach einer gründlichen Reinigung erleichtert aufatme, weil es noch exakt genauso in meinem Mund sitzt wie vorher. Seither passe ich auf das Ding besser auf als auf meinen Augapfel.

Einmal passiert mir jedoch trotz aller Vorsicht etwas ausgesprochen Blödes. Es ist bei einer Achtziger-Feier. Da verschlucke ich mich an einem Stück Kloß und muss so heftig würgen und husten, dass mir der Knödel in hohem Bogen aus dem Mund fliegt. Mitsamt Zahnersatz! Am Anfang bemerke ich das bei meinem wilden Gekeuche gar nicht. Doch als sich andere Gäste breit grinsend anstoßen und Hulda mich, mit den Händen hektisch vor ihrem Mund hin- und her wedelnd, erschrocken anstarrt, wird mir plötzlich bewusst, dass ich gerade nicht nur einen Essensbrocken, sondern auch meine Teleskopprothese ausgespuckt habe. Oh Gott, wie peinlich! Zumal sie noch immer in dem Kloß steckt, der in einem See aus Bratensaft vor mir auf dem Teller liegt. Eine gelispelte Entschuldigung stammelnd, schnappe ich mir das soßentriefende Corpus Delicti, stopfe es in meiner Not kurzerhand in die Hosentasche und verschwinde damit Richtung Herrenklo.

Als ich ein paar Minuten später zurückkehre, verstummen plötzlich sämtliche Gespräche und alle Gäste starren mich mit einem Gesichtsausdruck an, als könnten sie sich nur mit größter Mühe das Lachen verkneifen. So wie man einen Clown im Zirkus ansieht, von dem man weiß, dass er immer etwas selten Dämliches anstellen wird.

»Ja, mein Lieber«, versucht Hulda, mich kichernd zu trösten. »Wer den Schaden hat«, braucht sich um den Spott nicht zu kümmern.«

Spiegeleier-Bauch

Aber auch mit noch so profunden medizinischen Kenntnissen und einer mehr als peniblen Gesundheitsvorsorge lässt sich leider nicht verhindern, dass sich das Alter bei Hulda und mir immer stärker bemerkbar macht. Vor Kurzem ist mir ein Foto in die Hände gefallen, das eine Schar junger Leute Anfang 20 auf dem Münchener Oktoberfest zeigt. Hätte ich nicht ganz genau gewusst, dass einer dieser schrägen Typen ich selbst war, ich hätte mich mit Sicherheit nicht wiedererkannt. Der große, schlanke, drahtige Typ mit den dunklen Wuschelhaaren soll ich gewesen sein? Unfassbar! Doch dann ist mir in den Sinn gekommen, dass ich umgekehrt wohl ganz und gar keine Chance gehabt hätte. Ich meine, wenn man mir damals ein Bild unserer heutigen Vollsenioren-Skatrunde gezeigt und mich aufgefordert hätte, mich darauf zu identifizieren. Hätte mir dann jemand geholfen und gesagt: »Schau mal, der dicke Alte da, der mit dem Runzelgesicht und dem Schwabbelbauch, das bist du«, ich wäre vermutlich vor Schreck in Ohnmacht gefallen.

Allein schon meine nicht mehr vorhandenen Haare. Vor allem in den letzten zehn Jahren hat sich ein Großteil derer, die einmal meinen Kopf zierten, eines nach dem anderen verabschiedet und nur ein paar hartnäckige Kollegen zurückgelassen, die nun als trauriger Kranz eine glänzende Ödnis umstehen. Dafür sprießen die Dinger an anderen Stellen wie wild. Nämlich dort, wo ich prima darauf verzichten könnte. Ich glaube, mittlerweile quellen mir mehr Haare aus Nase und Ohren, als ich noch auf dem Kopf habe. Wenn die so weiterwuchern, wird es nicht mehr lange dauern, bis ich mit meinen Ohrhaaren Zöpfe flechten kann. Und mein schlaffer Hintern – sagt Hulda zumindest – wird auch immer struppiger.

Jahrelang habe ich mich gegen den schmerzlichen Verlust meiner Kopfzierde heftig gewehrt. Was habe ich nicht alles an vermeintlichen Wundermitteln geschluckt und auf meine sich ausbreitende Glatze geschmiert, um die Haarwurzeln anzuflehen: »Nun seid doch nicht so und lasst es wieder sprießen!« Aber ganz und gar vergebens. Dann hat mir ein Bekannter mit beneidenswerter Lockenpracht einen angeblich todsicheren Tipp gegeben. »Fischotterurin«, hat er mir verschwörerisch zugeflüstert. »Hilft garantiert. Nicht umsonst hat man die Tiere wegen ihres wahnsinnig dichten Fells gejagt, bis sie fast ausgerottet waren. Bis zu 50 000 Haare wachsen bei denen – pro Quadratzentimeter. Das muss man sich mal vorstellen! Die haben in ihrer Pisse jede Menge haarzellenstimulierende Hormone. Die muss man sich dreimal täglich in die Kopfhaut einmassieren. Unverdünnt natürlich. Müffelt vielleicht ein bisschen, aber ist ja nicht auf Dauer. Nach spätestens sechs Monaten sollte das Problem behoben sein. Dachse machen das übrigens instinktiv. Reiben ihren Kopf regelmäßig in Fischotterpipi. Und hast du schon mal einen glatzköpfigen Dachs gesehen?«

Nein, hatte ich nicht, das musste ich zugeben. Wobei ich mir, ehrlich gesagt, nicht einmal sicher war, ob ich überhaupt schon mal einem lebenden Dachs begegnet war.

»Bei vielen Indianerstämmen war das früher gang und gäbe«, fuhr mein Bekannter begeistert fort, während er mit beiden Händen in dem Gewuschel auf seinem Kopf herumzwirbelte. »Denk nur an die Wahnsinnsmähne von Winnetou. Der wusste, wie's geht.«

Die Sache mit Winnetou hat mich überzeugt. Wobei, ganz so üppig musste es ja gar nicht sein. Eine Haarpracht wie vor 20 Jahren würde mir vollkommen reichen.

Zum Glück gibt es etwa 50 Kilometer von meinem Zuhause entfernt ein Tiergehege mit einheimischem Viehzeug. Da war ich zwar noch nie, aber es soll dort ganz hübsch sein. Da müssten sie doch eigentlich ein paar Fischotter haben.

Gleich am nächsten Tag fahre ich hin und stehe eine Stunde später vor dem großen Plakat am Eingang, auf dem zu lesen ist, dass sie um 18 Uhr schließen. Jetzt ist es halb fünf. Ich habe also noch Zeit. Mit möglichst unschuldigem Blick kaufe ich mir eine Eintrittskarte, stelle bei einem raschen Rundgang fest, dass in einem eingezäunten Gelände mit einer Art Tümpel in der Mitte tatsächlich Fischotter leben, und habe sogar das Glück, einem von ihnen ein Weilchen beim Schwimmen und Tauchen zusehen zu können. Wenn Leute vorbeikommen, tue ich so, als wäre ich in die Beschreibung auf der Tafel vor dem Gehege vertieft. Dann verstecke ich mich bis kurz vor acht – inzwischen ist es dämmrig geworden – hinter der Eulen-Voliere und schleiche gegen neun vorsichtig zu den Wassermardern. Denn dass Fischotter zu den Mardern gehören, habe ich inzwischen mindestens 50-mal gelesen.

Über den niedrigen Zaun zu klettern, ist selbst für mich als Vollsenior kein Problem. Und so stehe ich keine 30 Sekunden später zum ersten Mal in meinem Leben in einem Fischotter-Gehege. In weiser Voraussicht habe ich mir vor der Abfahrt bei unserem Fischhändler zwei frische Forellen besorgt, die ich jetzt auf dem offensichtlich viel begangenen Weg zum Gewässer auslege. Und wie erhofft, muss ich nicht lange warten, da kommt schon eines der Tiere angewatschelt und macht sich über den Fisch her. Dass ich ihm dabei aus nächster Nähe zusehe, scheint es nicht im Mindesten zu stören. Aber das ist der Fischotter ja auch gewohnt, schließlich sind die täglichen Fütterungen für die Zoobesucher eine Attraktion. Jetzt heißt es nur noch Geduld haben, bis er pinkelt. Es wäre interessant zu wissen, wie oft das so ein Otter üblicherweise tut. Doch ich muss gar nicht lange warten, da schickt er sich schon an, sich zu erleichtern. Possierlich hebt er ein Hinterbein, und schon höre ich es plätschern. Das ging ja flott!

Jetzt gilt es, keine Sekunde zu vergeuden. Also schiebe ich schnell das kleine Fläschchen, das ich mitgebracht habe, unter den Hinterleib des Marders, um das kostbare Nass aufzufangen. Doch das ist wesentlich leichter gesagt als getan. Schließlich müssen Fischotter in ihrem ganzen Leben niemals zum Urologen. Und beim Tierarzt brauchen sie auch nicht in einen Becher zu pinkeln. Kein Wunder daher, dass es ihnen in puncto Treffsicherheit an Übung fehlt. Nein, das Fläschchen kann ich vergessen, da geht viel zu viel daneben. Aber was hat schon Simson, der Neunmalkluge, gesagt? Verlass dich, egal, was du vorhast, niemals auf eine einzige Methode!

Deshalb habe ich auch noch einen Schwamm dabei. Und damit ist es mir tatsächlich ein Leichtes, die flüssigen Ausscheidungen, kaum dass der Otter sie von sich gespritzt hat, aufzusaugen und gleich an Ort und Stelle auf meinen Schädel zu reiben. Anschließend tauche ich den Schwamm wieder und wieder in die Otterpissenpfütze und presse ihn danach jedes Mal gründlich über dem Fläschchen aus, bis es am Ende gut halb voll ist. Das sollte genügen. Jetzt muss ich mir nur noch den Rest der Nacht um die Ohren schlagen und mich am nächsten Tag unauffällig unter die ersten Besucher mischen, die den Tierpark wieder verlassen.

Das erweist sich als überraschend einfach. Weder kommt des Nachts ein Wärter des Weges noch muss ich Angst haben, dass mich irgendein Tier durch aufgeregtes Brummen, Krächzen, Pfeifen oder Tröten verrät. Zwischen Mitternacht und Morgendämmerung gelingt es mir sogar, im Vorraum eines Toilettenhäuschens fest zu schlafen. Als mir ein Blick auf die Uhr sagt, dass der Tierpark seit einer knappen halben Stunde wieder geöffnet ist, mache ich noch einen ausgedehnten Rundgang, für den ich am Vortag viel zu aufgeregt war. Dann verlasse ich inmitten einer Besuchergruppe das Gelände, steige kurz vor halb elf in mein Auto und starte den Motor. Doch halt! Bevor ich losfahre, will ich mir unbedingt noch eine Ladung des wertvollen Elixiers auf die Kopfhaut schmieren. Doch pfui Teufel! Das stinkt ja grauenhaft! Im Freien ist mir das gar nicht so aufgefallen. Ein Furz von Herrn von

Hinterhuber ist nichts dagegen. Aber da muss ich durch. Wie würde Hulda sagen? Wer schön sein will, muss aushalten!

Drei Wochen halte ich die Kur durch. Drei Wochen, in denen Frau, Sohn, Tochter und Enkel immer wieder naserümpfend unser Klo aufsuchen, um nachzusehen, ob vielleicht die Spülung defekt ist. Ich selbst halte mich in dieser Zeit, eine ansteckende, mit üblen Ausdünstungen einhergehende Dickdarmerkrankung vortäuschend, so gut es geht von ihnen fern und schlafe nachts in Hannas ehemaligem Zimmer. Doch irgendwann erklärt Hulda, sie sei sich mittlerweile absolut sicher, dass ich es sei, von dem der fiese Gestank ausgehe. Das weise ich natürlich vehement von mir. Aber nachdem ich selbst mit dem Vergrößerungsspiegel im Bad auf meinem Kopf nicht ein einziges Haar, und wäre es nur einen Mikrometer lang, entdecke, lasse ich Fischotterpisse Fischotterpisse sein und verzichte schweren Herzens darauf, sie mir weiterhin in die Kopfhaut zu massieren. Wahrscheinlich ist es falsch, so schnell aufzugeben, aber nach dieser Zeit lässt sich die Ausrede mit dem Darmleiden beim besten Willen nicht mehr aufrechterhalten.

Dann lese ich irgendwann im Programmbeiblatt unserer Tageszeitung von Haartransplantationen und komme spontan auf eine, wie mir scheint, glänzende Idee: Könnte man nicht meine Schamhaare auf den Kopf verpflanzen? Da unten kann ich ja wirklich gut auf sie verzichten, und oben würden sie sich, naturgelockt, wie sie sind, bestimmt prima machen. Aber ein Hautarzt, ein ausgewiesener Spezialist für derlei Eingriffe, rät mir schmunzelnd davon ab. Zum einen sei die Entnahme an der heiklen Stelle ziemlich schmerzhaft, zum anderen sei keineswegs gesagt, dass sich das Gekräusel auf dem Kopf gut mache. Und schließlich seien Haare erfahrungsgemäß ausgesprochen standorttreu. Es komme immer wieder mal vor, dass sie an einer anderen als der Entnahmestelle einfach nicht wüchsen. Und ich wolle doch sicher nicht – dabei verstärkt sich sein Schmunzeln zu schallendem Gelächter – die Umgebung meiner Schamhaare mit allem Drum und Dran auch auf dem Kopf herumtragen.

Als er sich wieder beruhigt hat, erläutert er mir, jetzt ganz ernsthaft, die unterschiedlichen Verfahren, Haare zu verpflanzen. Und als er mir erklärt, so ein Eingriff dauere bis zu neun Stunden und koste etliche Tausend Euro, wobei ein dauerhafter Erfolg nicht einmal garantiert sei, verwerfe ich den Plan zähneknirschend. Dann doch lieber eine Glatze. Die hat zumindest den Vorteil, pflegeleicht zu sein. So wie ein Laminatboden ja auch deutlich weniger Arbeit macht als ein hochfloriger Teppich.

Was den Rest meines Kopfes angeht, so ist der in den letzten 50 Jahren auch nicht gerade ansehnlicher geworden. Ich mag schon gar nicht mehr in den Spiegel sehen und frage mich jeden Morgen aufs Neue: »Was, der alte Knacker soll ich sein?« Wo man hinblickt, nichts als Falten, Runzeln und braune Altersflecken. Wobei mich, was die Falten angeht, Hulda noch deutlich in den Schatten stellt. Es ist vielleicht nicht besonders charmant, das zu erwähnen, aber speziell um ihren Hals herum fältelt sich eine derartige Menge an Haut, dass die locker für zwei Hälse reichen würde. Kein Wunder also, dass sie so gern bunte Schals trägt.

An Brust und Armen sieht es bei uns beiden auch nicht viel besser aus. Überall machen sich die unerfreulichen Auswirkungen der Schwerkraft bemerkbar, will sagen: Alles hängt. Wer schon mal einen Luftballon gesehen hat, aus dem der größte Teil der Luft herausgelassen wurde, weiß, wovon ich spreche. Hulda leidet zudem darunter, dass sie sich als junges Mädchen mal ein Tattoo in Form eines kleinen Vögelchens in die Schulter hat ritzen lassen. Das war damals bestimmt ganz süß, heute, auf dem schlaffer gewordenen Untergrund, sieht der einstmalige Kolibri dagegen eher aus wie eine flügellahme Gans.

Dafür dürfte bei uns beiden weiter südlich ruhig ein bisschen mehr Haut sein, will heißen: Die überschüssige aus der Halsregion könnten wir da unten gut gebrauchen. Denn diejenige, die tatsächlich vorhanden ist, hat größte Mühe, unsere Bäuche zu umspannen. So straff sitzt sie, dass ich bei jedem opulenten Mal ernsthaft befürchte, sie könne einreißen. Schließlich ist sie ja nicht mehr die jüngste. Ein alter, schon lange benutzter Fahrradschlauch platzt bekanntlich ja auch eher als ein fabrikneuer.

Eine solch unschöne Kugel hat Hulda zwar auch aufzuweisen, aber meine ist – ich schäme mich, es zuzugeben – doch um einiges eindrucksvoller. Dabei fällt mir ein Witz ein, mit dem mich neulich meine Enkelin Hilaria ganz schön in Verlegenheit gebracht hat. Wobei ich derlei Scherze speziell aus dem Mund eines jungen Mädchens grundsätzlich für reichlich frivol halte. »Opa«, hat sie mich grinsend gefragt, »weißt du, was ein Spiegeleier-Bauch ist?« Und als ich verständnislos den Kopf geschüttelt habe, gleich die Antwort nachgeschoben: »Wenn ein Mann einen solchen Bauch hat, dass er einen Spiegel braucht, um seine Eier zu sehen.« Wobei sie unter schallendem Gelächter derart schamlos meine Leibesmitte angestarrt hat, dass ich größte Mühe hatte, mir zumindest ein gequältes Grinsen abzuringen.

Dabei ist so eine Wampe, wie ich sie bedauerlicherweise mit mir herumschleppe, speziell bei einem Mann nicht nur reichlich unschön, sondern vor allem auch in höchstem Maße unpraktisch. Macht sie es mir doch ganz und gar unmöglich, beim Pinkeln auch nur annähernd präzise zu zielen. So wie ein Gewehrschütze auch nichts trifft, wenn er weder Kimme noch Korn erkennt. Deshalb habe ich mich nach jahrelangem hartnäckigen Sträuben irgendwann notgedrungen Huldas Wunsch gebeugt, mein kleines Geschäft im Sitzen zu erledigen. Das widerstrebt meinem virilen Ego zwar zutiefst, aber was soll's. Immer noch besser, als jedes Mal Klobrille und Boden im Umkreis von drei Metern reinigen zu müssen.

Kluger Körper

Die Sache mit dem Spiegeleier-Bauch geht mir nicht aus dem Kopf. »Hulda«, erkläre ich daher ernst, »ab morgen werde ich mich gesund ernähren. Und dabei ganz nebenbei ordentlich abnehmen.«

»Warum erst ab morgen?«, fragt sie lächelnd. »Morgen, morgen, nur nicht heute, sagen alle faulen Menschen.«

»›Leute‹«, verbessere ich sie. »Es heißt ›Leute‹.«

Sie zuckt mit den Schultern. »Von mir aus. Fakt ist jedenfalls, dass man das, was man sich vornimmt, möglichst bald in die Tat umsetzen soll. Das sagt doch schon das Sprichwort Verschiebe nicht auf morgen, was du heute kannst erledigen.«

»›Besorgen‹«, sage ich. »Aber ist ja egal. Gleich heute geht nicht. Auf so eine radikale Veränderung muss ich mich erst mental vorbereiten. Da ist ein Tag Vorlaufzeit das Mindeste.«

»Wie du meinst«, sagt sie. »Heißt das, dass du ab morgen kein Fett mehr essen willst?«

Ich strahle sie an. »Exakt. Du triffst den Nagel auf den Kopf. Fett macht fett, das ist ja allgemein bekannt.«

»Dann willst du also in Zukunft komplett auf Fleischsalat verzichten? Und auf Schweinebraten und Sahnetorte? Von Schokolade gar nicht zu reden. Richtig?«

»Na ja«, wende ich ein. »Komplett ist vielleicht zu viel gesagt. Aber mich in puncto Fett einschränken, das will ich auf jeden Fall.«

»Sehr gut«, lobt Hulda. »Du schiebst ja auch wirklich eine gewaltige Kugel vor dir her. Obwohl ...«

»Obwohl was?«

Wieder lächelt sie süßlich. »Obwohl die aktuelle Ernährungsforschung gar nicht mehr Fett für den Hauptübeltäter in puncto Übergewicht hält, sondern in erster Linie ein Zuviel an Zucker.«

»Dann müssen wir eben den Zucker von unserem Speiseplan streichen«, erwidere ich tapfer. »Alles nur eine Willensfrage.«

»Das machen wir«, bekräftigt sie meine Worte. »Am besten, wir fangen gleich damit an.«

Sie erhebt sich und marschiert in die Küche. Als sie wiederkommt, hält sie einen Korb in den Armen, aus dem sie zwei Flaschen Cola, drei Fertigpizzas, fünf Tüten Weingummi, acht Tafeln Schokolade und zwei Behälter mit Speiseeis herausnimmt. »Ab in den Mülleimer damit!«

»Halt!«, rufe ich erschrocken. »Nicht so schnell! Alles mit Maß und Ziel.«

Sie zuckt die Schultern. »Da ist überall jede Menge Zucker drin. Ich dachte, auf den verzichten wir ab sofort?«

»Na ja, komplett verzichten müssen wir ja nicht gleich. Ich habe gelesen, dass es bei einer Ernährungsumstellung wichtig ist, dem Körper Zeit zu lassen, sich allmählich an das veränderte Nahrungsangebot anzupassen. Sonst erreicht man das Gegenteil von dem, was man beabsichtigt, und wird womöglich ernsthaft krank.«

»Das ist natürlich das Letzte, was ich will«, sagt Hulda kopfnickend und grinst dabei schon wieder so merkwürdig.

Ich habe das Gefühl, dass sie mich nicht ernst nimmt. Aber das wird sich gleich ändern. Schließlich habe ich in der *Apotheken-Umschau* nicht umsonst so ziemlich jeden Artikel gelesen, der sich auch nur am Rande mit gesunder Ernährung beschäftigt hat. »Auf jeden Fall schlucken wir von morgen an viel mehr Omega-Fettsäuren als bisher.«

»Drei oder sechs?«, fragt sie. »Wie hättest du's denn gern?«

»Egal. Hauptsache, Omega«, beharre ich.

»Sehr schön. Dann gibt's ab morgen bei uns jeden zweiten Tag Fisch.«

Ich verziehe das Gesicht und schüttle mich angewidert. »Du weißt doch genau, dass ich keinen Fisch mag.«

Sie nickt. »Klar weiß ich das. Aber der enthält nun mal am meisten Omega-Fettsäuren. Die kann man allerdings auch in Kapselform schlucken.«

Ich lache erleichtert auf. »Dann mache ich das. Werde ich mir noch heute Nachmittag besorgen. Und was auch ganz wichtig ist: Ab sofort kein Gluten mehr. Das hat jede Menge Kalorien.«

Hulda legt die Stirn in tiefe Falten. »Ich glaube, da bringst du etwas durcheinander. Gluten ist ein Getreideprotein ohne großen Nährwert. Und verzichten muss darauf nur jemand, der dagegen überempfindlich reagiert. Die Krankheit heißt Zöliakie.«

»Woher weißt du das alles so genau?«, staune ich. »Du bist ja das wandelnde Ernährungslexikon.«

Sie winkt ab. »Mal liest man hier was, mal hört man dort was. Und bei unseren Gesundheitssendungen im Fernsehen ist Ernährung ja geradezu ein Dauerthema.«

»Ja, aber die schauen wir doch so gut wie immer gemeinsam an. Und trotzdem blickst du bei dem Thema viel besser durch als ich. Du solltest Ökonotro..., Ötrophoko... na ja, du weißt schon, was ich meine, werden.«

»Ökotrophologin«, belehrt sie mich mit sanfter Stimme. »Na, ich weiß nicht. Wo gerade bei der Ernährung doch das, was heute empfohlen wird, morgen oft schon wieder veraltet ist.«

»Das heißt«, sage ich und schöpfe Hoffnung. »Was gesunde Ernährung ist, bei der man zuverlässig abnimmt, weiß im Grunde niemand so genau?«

»Exakt«, bestätigt sie.

»Und das gilt auch für so neumodische Dinge wie ... wie ...« Ich zermartere mir das Gehirn. Wozu habe ich mich derart intensiv durch Hunderte von *Apotheken-Umschauen* gekämpft? Dann fallen mir die wichtigsten Begriffe nach und nach wieder ein. »Das gilt dann etwa auch für die Abetalipoproteine ... die Tetradecansäure ... das Saccharoseacetatisobutyrat und wie das Zeug alles heißt?«

»Davon kannst du ausgehen«, stellt sie kategorisch fest. »Deshalb mache ich mir um den ganzen Kram auch gar keine großen Gedanken und esse und trinke, was mir schmeckt. Mein Körper sagt mir schon, was mir guttut.«

»Das klingt super!«, juble ich und drücke Hulda fest an mich. »So mache ich's ab morgen auch. Eine ebenso einfache wie effektive Methode. Von dir kann man echt eine Menge lernen.«

Noch während ich das sage, ziehe ich aus dem Stapel Lebensmittel, der vor uns auf dem Tisch liegt, eine Tafel Schokolade heraus, breche vier Rippen ab und lasse sie mir schmecken. Dabei höre ich ängstlich in mich hinein. Was wird mein Körper dazu sagen? Wird er mir mit schlimmen Bauchschmerzen oder gar heftigem Erbrechen zu verstehen geben, dass es so beim besten Willen nicht geht? Doch dann Entwarnung: keinerlei Missempfindungen oder Schlimmeres.

Ist schon toll, wenn man sich derart auf seinen Körper verlassen kann.

Sich bewegen bringt Regen

Nachdem das zu meiner vollsten Zufriedenheit geklärt ist, überlege ich, warum ich trotz meines schlauen Körpers, der mir doch laut Hulda stets unmissverständlich zu verstehen gibt, was ihm guttut und was nicht, so einen mächtigen Bauch habe. Und komme zu einem eindeutigen Resultat: Mir fehlt es entschieden an Bewegung! Die Kalorienzufuhr zu drosseln, ist allenfalls ein Teil der Lösung; mindestens ebenso wichtig ist es, den Energieverbrauch zu steigern.

»Da hast du zweifellos recht«, bestätigt Hulda meine Schlussfolgerung. »Man sagt schließlich nicht umsonst *Sich bewegen bringt Regen* oder so ähnlich.«

Ich muss lachen. »*Sich regen bringt Segen,* meinst du wohl.«

»Kann auch sein. Ist doch egal. Aber hast du das mit der Mehr-Bewegung nicht schon ein paarmal versucht?«

Schlagartig bleibt mir das Lachen im Hals stecken. Wo sie recht hat, hat sie recht. Tatsächlich habe ich vor vielen Jahren sogar schon mal für einen Marathonlauf trainiert. Bin vier- bis fünfmal pro Woche durch den Wald getrabt und habe stets darauf gehofft, bei mir würde sich endlich das berühmte euphorische Gefühl, das *Runner's High*, einstellen, von dem mir ein jogging-erfahrener Bekannter vorgeschwärmt hatte. Doch davon konnte selbst nach einem kompletten Monat intensiven Trainings nicht die Spur einer Rede sein. Im Gegenteil: Ich war jedes Mal heilfroh, wenn die Tortur ein Ende hatte, wenn ich endlich unter der Dusche stand und mich auf ein kühles

Weizenbier freuen konnte. Doch dann habe ich nachgedacht. Warum um alles in der Welt quäle ich mich mit etwas herum, das regelmäßig dann am schönsten ist, wenn ich es hinter mir habe? Warum gönne ich mir das Ende nicht gleich am Anfang? Und so habe ich es fürderhin gehalten. Habe mich, wann immer mich das Gefühl übermannte, ich müsse unbedingt mehr für meine Fitness tun, in meinen bequemen Fernsehsessel plumpsen lassen, mir intensiv vorgestellt, wie mir beim Laufen die Beine schmerzen und wie ich mich danach sehne, dass es endlich vorbei ist. Und habe mir dabei genussvoll ein kühles Bier durch die Kehle rinnen lassen. Oder auch zwei oder drei. Und was soll ich sagen? So gefiel mir das richtig gut, so empfand ich tatsächlich das lang ersehnte Hochgefühl! Wenn es auch eher ein *Drinker's High* war und der Kalorienverbrauch dabei zugegeben zu wünschen übrig ließ. Seither weiß ich jedenfalls eines ganz genau: Ohne Sinn und Ziel durch Wald und Flur zu traben, das ist nichts für mich.

Wesentlich spannender fand ich da schon, was mir vor etwa zwei Jahren ein Exkollege namens Werner, Vollsenior wie ich, vorgeschlagen hat. Den habe ich seinerzeit zufällig an der Tankstelle getroffen, wo er mir erzählte, er sei gerade auf dem Weg zum Golfplatz. Als ich anmerkte, das wäre bestimmt ein interessanter Sport, hörte er gar nicht mehr auf, in den höchsten Tönen davon zu schwärmen. »Da bist du die ganze Zeit an der frischen Luft«, erklärte er mit glänzenden Augen. »Und je nach Wetter zeigt sich dir die Natur immer wieder anders. Ich habe schon während eines warmen Sommerregens gespielt, aber auch an einem stürmischen Herbsttag, an dem der Wind die Blätter von den Bäumen gerissen hat. Und jedes Mal musst du dich auf die wechselnden Bedingungen einstellen. Das ist echt toll. Ganz abgesehen davon, dass das Golfen an sich jede Menge Spaß macht.«

»Klingt gut«, sagte ich und fügte, ohne lange zu überlegen, hinzu: »Würde ich auch gern mal probieren.«

Darüber schien er sich ernsthaft zu freuen. »Ehrlich? Wenn du willst, kannst du das gleich haben. Nicht weit von hier gibt es eine große Wiese. Da kannst du ja mal ein paar Abschläge machen.«

Gesagt, getan. Zehn Minuten später steckt Werner einen putzigen Stift mit einer Art Teller in den Boden der Grünfläche, platziert darauf einen kleinen weißen Ball, drückt mir einen Schläger in die Hand und doziert: »Also, pass mal gut auf. Ich erklär dir jetzt in aller Kürze, wie du dich hinstellen und worauf du bei der Abschlagbewegung achten musst.«

Ich winke ab. »Nicht nötig. Ich habe das schon oft im Fernsehen gesehen und mir jedes Mal gedacht: Allzu schwierig sieht das eigentlich nicht aus. Das bekomme ich schon hin.«

»Wie du meinst«, sagt er achselzuckend. »Dann mach mal.«

Ich nicke wortlos, stelle mich breitbeinig auf, fasse den Schläger mit beiden Händen, hebe ihn hoch über meinen Kopf und verbiege mich in der Hüfte, als wolle ich eine Pirouette drehen. Dann peile ich den Ball aus halb geschlossenen Augen hoch konzentriert an, hole tief Luft und lasse den Schläger in elegantem Schwung durch die Luft sausen. Der Amerikaner, den ich vom Fernsehen her kenne, dieser Tiger Sowieso, würde mir mit Sicherheit ein dickes Kompliment machen, wenn er mich so sähe. Und auch Werner wird gleich Augen machen, wie weit ich den Ball dreschen kann. Hoffentlich nicht über das Ende der Wiese hinaus auf die angrenzende Straße. Nicht, dass es morgen in der Zeitung heißt: *Golfer verursacht mit Wahnsinnsabschlag schlimmen Verkehrsunfall.*

Doch dann passiert mir das Missgeschick, dass ich ein klein wenig zu tief ziele. Der Schläger kracht mit Wucht in den Boden, ein schneidender Schmerz durchzuckt meinen rechten Arm und ich schreie laut auf. Mit Sicherheit habe ich mir etwas gebrochen. Und der Ball? Der liegt nach wie vor auf dem Tellerstift, als wäre alles in bester Ordnung.

Nachdem ich meinen Arm gründlich abgetastet und erleichtert festgestellt habe, dass offensichtlich noch alles intakt ist, starte ich einen zweiten Versuch. So schnell gibt ein Humpff nicht auf! Doch diesmal ziele ich leider zu hoch. Der löffelförmige untere Teil des Schlägers, mit dem ich den Ball treffen wollte, saust mit Karacho darüber hinweg, und ich habe das Gefühl, als hätte es meinen kompletten Arm soeben aus dem Schultergelenk gerissen. Dass ich schon wieder gellend aufschreie, kann ich nicht verhindern.

Und Werner? Der grinst nur blöde. Der hat ja auch nicht meine Höllenschmerzen. Aber dem werde ich es jetzt zeigen. Ich darf nur nicht ganz so wuchtig zuschlagen, dann kann ich besser zielen. Also hole ich ein drittes Mal aus, fixiere den Ball, als könnte ich ihn mit meinem Blick verhexen, und schlage zu – diesmal allerdings bedeutend sanfter. Und was soll ich sagen? Ich treffe die Kugel, wie man sie besser nicht treffen kann. Da man im Fernsehen nach dem Abschlag immer den hoch durch die Luft fliegenden Ball sieht, hebe ich den Blick zum Himmel und suche. Doch da ist nichts. Kann es sein, dass das Teil so schnell ist, dass ich es mit den Augen nicht verfolgen kann? Stolz blicke ich zu Werner rüber. Doch was tut der? Er grinst schon wieder. Und deutet mit seiner Hand etwa fünf Meter vor mir auf den Boden. Da liegt er, der bescheuerte Ball. Unbeweglich im Gras. Und ich könnte schwören, dass er schadenfroh kichert.

Das ist das Ende meiner Golfkarriere.

In der Folgezeit versuche ich es dann mit ein paar anderen Sportarten, von denen mir Billard am meisten Spaß macht. Aber ich gebe natürlich zu, dass man dabei nicht wirklich von energiezehrender Bewegung sprechen kann. Auch Darts bringt es in dieser Hinsicht nicht so richtig, von Schach gar nicht zu reden.

Da läuft mir eines Tages Wilhelm über den Weg. Ganz zufällig in der Innenstadt. Auch er seit Längerem Vollsenior. Den habe ich schon seit einer Ewigkeit nicht mehr gesehen. Und hätte ihn auch fast nicht wiedererkannt. Weil er ganz anders aussieht, als ich ihn in Erinnerung habe. Sein einstmals schwabbeliges Bulldoggengesicht ist viel schmäler geworden, die Haut glatt und straff. Natürlich nicht so makellos wie der berühmte Babypopo, aber auf alle Fälle sehr eindrucksvoll. Und als ich meinen Blick dezent abwärts gleiten lasse, kann ich kaum glauben, was ich da sehe: Sein Hemd fällt locker über Brust und Bauch, wobei von Bauch genau genommen gar keine Rede sein kann. Denn dort, wo sich früher mal eine stattliche Kugel, die meiner in nichts nachstand, vorgewölbt hat, ist auf einmal alles flach.

»Donnerwetter! Du siehst echt toll aus!«, sage ich anerkennend und versuche, dabei nicht allzu neidisch zu klingen. »Wie machst du das?«

»Maßvoll essen«, antwortet er sichtlich stolz, »sich hin und wieder etwas gönnen und vor allem reichlich Bewegung. In meinem Fall wandern.«

Das klingt gut. Wandern würde ich auch gern mal wieder. Habe ich früher wirklich mit Vergnügen und ausdauernd praktiziert. Bin mit zwei Studienfreunden den Rennsteig in Thüringen, den Westweg im Schwarzwald und den Nordrandweg auf der Schwäbischen Alb abgelatscht. Alles anspruchsvolle Mehrtagestouren. Immerzu bergauf, bergab. Manche Etappen mehr als 30 Kilometer lang.

»Lust, mal mitzumarschieren?«, unterbricht Hugo meine Gedanken. »Übermorgen starten wir zu einem Dreitagesmarsch. Das Wetter ist prächtig. Wie wär's?«

»Etappenlänge?«, frage ich vorsichtshalber.

»Um die 15 Kilometer. Relativ eben, traumhafte Landschaft.«

Ich muss mich beherrschen, nicht laut loszuprusten. 15 Kilometer! Will der mich veräppeln? Das ist doch keine Wanderung, das ist ein Spaziergang. Da ist man doch schon mittags am Ziel. Aber dann geht mir durch den Kopf, dass so ein lockeres Programm für den Wiedereinstieg vielleicht gar nicht so schlecht wäre. Man muss ja nicht gleich an seine Grenzen gehen.

»Wie viele Teilnehmer?«, erkundige ich mich. »Und wie alt?«

Hugo lächelt milde wie ein Buddha-Priester. »Bisher haben acht zugesagt. Alle über 75.«

»Aha«, sage ich, »eine klassische Vollsenioren-Wanderung.« Und dann mit Nachdruck: »Ich bin dabei. Mit Rucksack, nehme ich an?«

Er nickt bestätigend. »Richtig. Ein paar Reserveklamotten und Waschzeug, mehr brauchst du nicht. Hast du denn geeignete Schuhe? Die sind nämlich, wie du sicher weißt, das A und O.«

Ich denke kurz nach. Mit meinen ausgelatschten Turnschuhen kann ich ja wohl kaum aufkreuzen. Und meine geliebten Mokassins sind auch nicht ideal. Nun ja, dann kaufe ich mir eben passende Fußbekleidung. Daran soll mein Vorsatz, wieder ausgedehnte Wanderungen zu unternehmen, nicht scheitern. Das ist gut angelegtes Geld. Oder wie Hulda sagen würde: »Ohne Preis kein Fleiß.«

Noch am selben Nachmittag stehe ich in einem größeren Sportgeschäft und lasse mich von einer jungen, drahtigen Verkäuferin mit violetten Haaren beraten.

»Was soll's denn sein?«, erkundigt sie sich freundlich lächelnd. »Leichte Halbschuhe oder knöchelhohe Stiefel?«

»Vielleicht besser Stiefel«, sage ich. So etwas hatte ich früher bei meinen Touren nämlich auch immer an und bin damit bestens klargekommen.

Sie nickt fachmännisch. »Trekkingstiefel, Bergstiefel oder Expeditionsstiefel? Leder oder Synthetik? Mit Membran oder ohne? Und wie sieht's aus mit der Dämpfung?«

Mir schwirrt der Kopf. Also erkläre ich ihr kurz, was ich vorhabe, probiere etwa 25 unterschiedliche Modelle an und stehe am Ende mit grün-orange-farbenen Trekkingstiefeln aus Synthetik an der Kasse. Torsionsversteifte Knöchelpartie, robuste Sohle, mittelstarke Dämpfung, wasserdicht und pflegeleicht. Dazu noch diverse Putz- und Konservierungsmittel. Insgesamt 364 Euro. Damit sei ich für alle Bedingungen optimal gerüstet, meint die junge Dame und nimmt lächelnd meine EC-Karte entgegen.

Zwei Tage später stehe ich am vereinbarten Treffpunkt, wo schon drei Leute, zwei Männer und eine Frau, beide deutlich über 70, warten. Kurz darauf gesellt sich Wilhelm zu uns, und knappe zehn Minuten später sind wir vollzählig. Jeder begrüßt jeden mit Handschlag, wünscht »Gut Fuß« und los geht's!

Die Frau heißt Lisbeth und ist offensichtlich die Gruppenleiterin. Jedenfalls setzt sie sich an die Spitze und marschiert in mäßigem Tempo voran. Eine halbe Stunde geht es über einen gewundenen Feldweg Richtung Wald, dann kommt die erste Steigung. Gemächlich wandert die Gruppe aufwärts. Wenn das so weitergeht, denke ich, muss ich mir keine Sorgen machen, nicht mithalten zu können. Im Gegenteil: Ich könnte meine Vorderleute jederzeit locker überholen und ihnen damit quasi nebenbei vor Augen führen, wie fit ich bin. Kurz überlege ich, ob ich das wirklich tun soll, doch dann lasse ich es bleiben. Zu sehen, dass der Neue ihnen allen weit überlegen ist, könnte meine Mitwanderer deprimieren. Sicher kommen noch genügend Gelegenheiten, meine physische Stärke unter Beweis zu stellen. Fürs Erste lasse ich es dabei bewenden, beim Anstieg fröhlich zu pfeifen.

Oben angekommen, lassen sich alle auf die dort stehenden Bänke fallen, schnaufen heftig und behaupten, die Aussicht zu genießen.

Ich bleibe demonstrativ stehen. Ich habe gedacht, das hier wäre eine Wanderung und nicht ein gemütliches Schlendern von Bank zu Bank. Doch dann geht es weiter. Lisbeth nimmt eine Abzweigung, führt uns über eine eindrucksvolle Holzbrücke, die einen plätschernden Bach überspannt, und dann weiter auf einem kurvenreichen Weg durch Wald und Flur. Etwa eine Stunde später machen wir die nächste Pause, diesmal in einem dörflichen Biergarten. Drei Wanderkollegen bestellen sich je ein Weizen und prosten sich vergnügt zu, die anderen belassen es bei Nichtalkoholischem. Ich verzichte auf Getränke jedweder Art und demonstriere den anderen damit eindrucksvoll, dass mich eine derart müde Latscherei nun wirklich nicht durstig macht. Bevor mir der Sinn nach Trinkbarem steht, muss es schon erheblich dicker kommen.

Als alle ausgetrunken und bezahlt haben, geht es weiter. Allerdings nur eine knappe Stunde lang. Dann ist Mittagspause. Wieder in einer Dorfgaststätte, diesmal allerdings im Inneren. Es gibt für alle Bratwürste mit Sauerkraut, dazu reichlich Bier. Diesmal lasse auch ich mir ein kühles Helles schmecken. Es herrscht fröhliches Geschnatter, sämtlichen Teilnehmern scheint die Veranstaltung Spaß zu machen. Der Einzige, dem es nicht uneingeschränkt gut geht, bin blöderweise ich. Denn seit einer halben Stunde sticht es verdächtig an meiner rechten Ferse. Da bildet sich unverkennbar eine Blase. Ich gehe unauffällig aufs Klo, ziehe mir den Strumpf aus, und tatsächlich, da ist sie: ein pralles Ding, das, wenn ich nicht gleich etwas unternehme, mit Sicherheit dicker und dicker wird. Also steche ich das Teil mit meinem Taschenmesser auf, warte, bis die trübe Brühe abgelaufen ist, und klebe schließlich ein Pflaster darüber. Gut, dass ich so perfekt ausgerüstet bin. Es geht doch nichts über langjährige Erfahrung.

Dann machen sich alle auf den Weiterweg, einige Männer bereits sichtlich beschwipst. Schließlich hat es nach dem deftigen Mittagessen für alle ein Verdauungsschnäpschen gegeben. Doch wenn ich jetzt erwartet habe, das Miststück von Blase würde Ruhe geben, sehe ich mich getäuscht. Von Schritt zu Schritt macht sie sich immer schmerzhafter bemerkbar, und allmählich spüre ich, wie sich auch an meinem linken Fuß, dort allerdings am Großzehballen, so ein ekliges Ding bildet. Schon erkundigt sich ein besorgter Mitwanderer, warum ich immer stärker humple. Ob es mir etwa nicht gut gehe?

»Alles prima«, lüge ich. »Die Schuhe sind halt nagelneu. Die muss ich erst noch einlaufen.« Und denke dabei, dass ich die Blasen auch für weniger Geld hätte haben können.

Als Nächstes fängt mein linkes Knie an zu zwicken. Anfangs nur leicht, aber nach und nach doch so unangenehm, dass mir die Schritte mehr und mehr wehtun. Wie weit mag es noch sein? Eigentlich müssten wir doch längst am Ziel sein.

»Wie viel haben wir eigentlich schon geschafft?«, frage ich Lisbeth, krampfhaft um einen unbekümmerten Tonfall bemüht.

Sie wirft einen Blick auf ihr GPS-Gerät und verkündet, wobei sie mir Gott sei Dank nicht in mein schmerzhaft verzogenes Gesicht blickt: »Nicht ganz neun Kilometer. Noch sieben.«

Das kann ja nun wirklich nicht sein, fährt es mir durch den Kopf. Die hat sich mit Sicherheit vertan. Vermutlich ist ihr Navi kaputt. Bestimmt taucht gleich der Gasthof auf, in dem wir übernachten werden. Doch so hoffnungsvoll ich auch nach jeder Kurve vorausblicke, da ist weit und breit nichts als Natur pur. Und wenn wirklich einmal ein Gebäude in Sicht kommt, sieht das nach allem aus, nur nicht nach einer Herberge. Dabei wäre ich bestimmt nicht anspruchsvoll. Selbst wenn wir die Nacht in einem Heuschober verbringen müssten, wäre ich damit in meinem jetzigen Zustand total einverstanden. Hauptsache, die Tortur hört endlich auf. Denn inzwischen tun mir auch beide Hüften und besonders brutal die linke Wade weh. Bei einer weiteren Bank-Pause werfe ich mir vor dem Trinken heimlich eine Handvoll Schmerztabletten in den Mund und spüle sie alle auf einmal runter. Das müsste doch Erleichterung bringen.

Das tut es dann zum Glück auch. Zwar bin ich beim Weitermarschieren alles andere als schmerzfrei, doch die schlimmsten Qualen werden von dem Medikament unterdrückt. Und endlich, endlich, als ich es schon gar nicht mehr zu hoffen wage, erreichen wir unser Tagesziel: einen schmucken Gasthof, von dessen Terrasse man einen grandiosen Rundumblick über die hügelige Umgebung hat. Sogar ein malerischer See glitzert gar nicht weit entfernt in der Abendsonne.

Nachdem wir gegessen haben, wobei Bier, Wein und Schnaps in Strömen geflossen sind, wanken wir schließlich eine Treppe hoch ins Obergeschoss, wo in geräumigen Sechsbettzimmern unsere Betten auf uns warten. Zu meinem Glück sind die Wanderkameraden allesamt so damit beschäftigt, halbwegs aufrecht in den ersten Stock zu kommen, dass offensichtlich niemand auf mein verkniffenes Gesicht und mein verkrampftes Gehinke achtet. Waschen und Zähneputzen fallen heute Abend aus. Stattdessen werfe ich mir eine weitere Ladung Schmerztabletten ein, dann schließe ich total erschöpft die Augen.

Am nächsten Morgen, beim gemeinsamen Frühstück, bleiben mir die teils mitleidigen, teils schadenfrohen Blicke meiner Mitwanderer nicht verborgen. Ich hätte die ganze Nacht über laut gestöhnt, erzählt mir mein Nebenmann, ob ich schlecht geträumt hätte? Ich bejahe, murmle etwas von bösen Geistern, die mir im Schlaf erschienen sind, und versuche anschließend, dem Kurzvortrag unserer Wanderführerin über die heutige Etappe halbwegs aufmerksam zuzuhören.

Die ersten Schritte sind Qual pur. Glühende Nadeln fahren mir in die Füße und die Beine gehorchen mir nur noch bedingt. An einer lang gezogenen Steigung falle ich humpelnd und keuchend ans Ende der Gruppe zurück und würde mich am liebsten auf der Stelle ins Gras fallen lassen und liegen bleiben. Lieber hier sterben, als noch einen einzigen Schritt tun. Doch es hilft ja alles nichts, und so schleppe ich mich ächzend weiter.

Bei der nächsten Pause kommt mir dann die rettende Idee. Unter dem Vorwand, pinkeln zu müssen, wanke ich ein Stück in den Wald hinein, ziehe mein Handy aus der Tasche und wähle Huldas Nummer. »Ruf mich bitte in etwa fünf Minuten an«, flüstere ich.

Es dauert eine Weile, bis sie antwortet: »Und was soll ich sagen?«

»Gar nichts. Ruf einfach nur an und lass mich reden. Verstanden?«

»Wie du willst«, erwidert sie zögernd. Wahrscheinlich hält sie mich jetzt für übergeschnappt. Aber das ist mir egal.

Nachdem wir wieder aufgebrochen sind, warte ich bei jedem Schritt auf den erlösenden Anruf. Endlich schnarrt das Gerät los. »Ach, du bist es«, sage ich übertrieben laut und deutlich und versuche, jegliches Stöhnen zu unterdrücken. Etliche Blicke wenden sich mir zu. Dann fahre ich fort: »Ach je, das tut mir leid. Hat er arge Schmerzen? Ja klar, selbstverständlich komme ich. Bei der nächsten Gelegenheit klinke ich mich aus. Ist zwar schade, weil die Wanderung echt Spaß macht. Aber Familie geht natürlich vor.«

Damit stecke ich das Handy wieder ein, schiebe mich, die Zähne zusammenbeißend, an die Spitze der Gruppe vor und erkläre Lisbeth, mein Enkel sei mit dem Fahrrad böse gestürzt und befinde sich jetzt in der Krankenhaus-Notaufnahme. Ich müsse auf dem schnellsten Weg zurück nach Hause.

Die Zweifel in ihren Augen sind unübersehbar, doch sie sagt nur: »In zweieinhalb Kilometern erreichen wir Waldheimlingen. Dort gibt es einen Bahnhof.«

Um es kurz zu machen: Mit letzter Kraft und von heftigen Schmerzattacken durchzuckt, schleppe ich mich zu besagtem Ort und verabschiede mich von meinen Begleitern. Es habe total Spaß gemacht, verkünde ich und merke selbst, dass das alles andere als glaubhaft klingt. Dann schüttle ich viele Hände und sitze gleich darauf allein in der Wartehalle des kleinen Bahnhofs. Zwei Stunden später bin ich wieder zu Hause.

Das ist dann auch das Ende meiner Wanderkarriere.

Sidestep, Liegetritt

Was also tun? Es muss doch irgendetwas Sportliches geben, was mir Spaß macht und bei dem zugleich die Pfunde purzeln. Idealerweise etwas, für das sich auch Hulda begeistern kann. Ich schlage Radfahren vor, aber dazu hat sie absolut keine Lust. Als junge Frau, erzählt sie mir, sei ihr einmal ein Hund vors Rad gesprungen und habe sie zu einem abrupten Bremsmanöver gezwungen. Wobei sie dummerweise nur den Vorderradbremshebel mit aller Kraft gezogen habe. Wie eine Rakete sei sie über den Lenker geflogen und dabei gegen ein parkendes Auto gekracht. Davon abgesehen, dass ihr das jede Menge Ärger eingebracht und sie einen ordentlichen Batzen Geld gekostet habe – der Hund hatte sich nämlich jaulend aus dem Staub gemacht und Zeugen, die bestätigen konnten, er sei der Unfallverursacher gewesen, gab es blöderweise nicht –, lag sie danach vier Tage mit einer veritablen Gehirnerschütterung im Krankenhaus. Seitdem habe sie sich nie wieder auf ein Fahrrad gesetzt.

Wie es denn mit Schwimmen sei, fragt sie. Daran hat sie, seit ich sie kenne, eine Menge Spaß. Und wann immer sie es einrichten kann, zieht sie im nicht weit entfernten Freibad ihre Bahnen. Aber das ist nichts für mich. Das ist mir zu langweilig, zu stur. Beim Radfahren kann man sich wenigstens an der Landschaft erfreuen und sich jedes Mal eine andere Strecke aussuchen. Im Schwimmbecken sieht man dagegen außer Wasser höchstens noch die Köpfe der anderen Wasserstrampler, und auf die kann ich weiß Gott verzichten. »Nein, liebe Hulda«, erkläre ich meiner Frau deshalb kategorisch, »ins Schwimmbad bekommst du mich nicht. Zumal ich ja Sport machen will, um meinen Bauch loszuwerden, und nicht, um mich damit zum Gespött anderer Menschen zu machen.«

Und dann kommt mir ganz plötzlich eine Idee: »Die Holzmüllers haben doch einen Tanzkurs für Senioren mitgemacht und waren davon ganz begeistert. Nicht nur, dass sie dabei jede Menge Bewegung und dazu noch viel Vergnügen an der schönen Musik hatten, sondern sie haben auch noch etliche nette Leute kennengelernt. Behaupten sie jedenfalls. Wollen wir das nicht auch mal probieren?«

Dabei geht mir durch den Kopf, dass ich doch vor gar nicht langer Zeit etwas über die vielen positiven Wirkungen des Tanzes speziell für ältere Leute gelesen habe. Wo war das noch mal? Ich grüble und grüble. Und dann fällt es mir ein: natürlich in der *Apotheken-Umschau*. Wo sonst? Nicht mal 20 Minuten später halte ich den Artikel in Händen. Und was ich da lese, versetzt mich in höchstes Entzücken: Demnach ist Tanzen nämlich das ideale Ganzkörpertraining, speziell auch für Vollsenioren. Es stärkt Ausdauer, Kraft und Beweglichkeit, lockert überall im Körper die Faszien und verhindert so alle möglichen Beschwerden. Ja, wer regelmäßig tanzt, hat sogar ein deutlich geringeres Risiko, dement zu werden. Ist das nicht großartig? Tanzen wirkt vorbeugend gegen Parkinson, multiple Sklerose und Schenkelhalsbruch und stärkt zudem noch das Immunsystem. Scheint echt so etwas wie ein Allheilmittel zu sein. Es würde mich nicht wundern, wenn es auch gegen Haarausfall und Zahnfleischschwund wirksam wäre. Was für mich in beiden Fällen leider zu spät käme. Und zu all den großartigen Wirkungen von Walzer, Foxtrott und Cha-Cha-Cha kommt gleichsam nebenbei noch eine höchst erfreuliche hinzu: Man nimmt dabei langfristig eine ganze Menge Kilos ab. Herz, was begehrst du mehr?!

Erstaunlicherweise ist Hulda von der Idee sofort angetan, und so stehen wir ein paar Tage später vor dem Haus der Tanzschule *RumbaZumba*. Als wir die Treppen zum ersten Stock hochsteigen, klingt uns Musik entgegen, die mein Herz höherschlagen lässt: Beatles, Four

Seasons, Dave Dee, Dozy, Beaky, Mick & Tich. Hätte gar nicht gedacht, dass mir all die Namen noch einfallen.

»The Animals«, sage ich mit verträumtem Blick zu Hulda, als auf einmal *Don't let me be misunderstood* erklingt. »Kennst du die noch?«

»Und ob. Wenn ich den Song höre, muss ich sofort an die Disco in München denken, wo ich meinen Exmann kennengelernt habe.« Sie sieht mich mit verträumtem Blick an. »War eine tolle Zeit damals.«

Bei mir ist es die heiße Jutta, die mir zu den Liedern aus den Sechzigern spontan einfällt. Die mir mit nimmermüdem Ganzkörpereinsatz nicht nur beigebracht hat, wie man richtig küsst, sondern noch eine ganze Menge mehr. Aber das lasse ich jetzt lieber unerwähnt. Auf keinen Fall will ich Hulda die gute Laune verderben.

Nachdem wir uns noch mal Mut zugelächelt haben, betreten wir erwartungsvoll die Räume, in denen wir die nächsten Wochen eine Menge Zeit verbringen werden. Als die anderen Kursteilnehmer nach und nach eintrudeln, wird deutlich, dass wir keinesfalls die einzigen älteren Senioren sind, die ganz scharf darauf zu sein scheinen, die korrekten Schritte zu Rumba, Samba und Wiener Walzer zu erlernen. Und ein verstohlener Rundumblick zeigt mir zu meiner Beruhigung, dass wir bei Weitem nicht die Ältesten sind.

Dann erscheinen die Kursleiter in Gestalt des Ehepaares Schwoferl. Was für ein Name, geht es mir kurz durch den Kopf, passender geht's ja wirklich nicht. Doch dann muss ich mich anstrengen, nicht allzu auffällig zu grinsen. Die zwei sehen aber auch zu komisch aus! Er ein großer, schlanker, dunkelhaariger Typ, der mich mit seinem smarten Lächeln spontan an Clark Gable in *Vom Winde verweht* erinnert. Dass der super tanzen kann, nimmt man ihm sofort ab. Ganz anders dagegen seine Ehefrau und Partnerin. Bei deren Anblick muss ich unwillkürlich an Cindy aus Marzahn denken. Sie nur pummelig zu nennen, wäre maßlos untertrieben. Und das, obwohl sie sich doch sicher reichlich bewegt. Sofort beurteile ich unsere Chancen, durch fleißiges Tanzen unsere Bäuche loszuwerden, wesentlich skeptischer.

Umso größer ist dann mein Erstaunen, als die Schwoferls uns, gewissermaßen zur Einstimmung, zu Musik wie der im Treppenhaus gehörten diverse Tänze vorführen. Dass ein solches Dickerchen so geschmeidig hüpft, gleitet und sich formvollendet dreht, hätte ich nicht für möglich gehalten. Wie die berühmte Feder schwebt sie in den Armen ihres Partners übers Parkett.

»Da sieht man mal«, flüstere ich Hulda zu, »wie elegant man sich auch mit ein paar Kilo mehr auf den Rippen bewegen kann.«

»Na hör mal«, schnaubt sie und stößt mir wuchtig ihren Ellenbogen in die Seite. »Soll das heißen, dass ich …«

Ein lautes »Psssst« der Frau neben uns schneidet ihr glücklicherweise das Wort ab.

Mit einer wirbelnden Folge aus rasend schnellen Schritten und komplizierten Drehungen, bei denen mir vollkommen schleierhaft ist, warum sich ihre Beine nicht unlösbar miteinander verknoten, machen Schwoferls Schluss. »Nicht mehr lange«, verkündet er strahlend, »und Sie alle tanzen genauso.«

Das bezweifle ich zwar entschieden, bin aber entschlossen, alles, was in meiner Macht steht, zu tun, um dieses hehre Ziel zu erreichen. Deshalb gebe ich mir die größte Mühe, mir die Slowfox-Schrittfolgen einzuprägen, die die beiden uns gleich darauf vorführen. Die sehen doch eigentlich recht simpel aus. Aber als ich darangehe, sie mit Hulda im Arm nachzutanzen, sehe ich das auf einmal ganz anders. Alle paar Sekunden stöhnt meine liebe Ehefrau auf, weil ich ihr schon wieder auf den Fuß getreten bin. Und beim Tango remple ich sie dermaßen an, dass sie nur mit Mühe einen Sturz verhindern kann. Nicht auszudenken, wenn aus dem Wiegeschritt ein Liegetritt geworden wäre.

Wenn Tanzen, wie Herr Schwoferl uns mit verklärtem Gesichtsaus-druck vorschwärmt, Träumen mit den Beinen ist, dann ist mein Tanz jedenfalls ein böser Albtraum.

Das alles macht mich natürlich nicht gerade sicherer, und so kommt es, dass ich bald überhaupt nicht mehr weiß, wie ich meine Schritte setzen soll. Dabei muss ich doch eigentlich froh sein, dass der untere Fuß jedes Mal der von Hulda ist. Als die erste Übungseinheit vorbei ist, bin ich jedenfalls total geschafft. Das einzig Tröstliche ist, dass von den anderen Paaren um uns herum auch lautes Stöhnen, Ächzen und Keuchen zu uns herüberklingt. Und als auch die zweite Stunde endlich vorüber sind, befürchte ich ernsthaft, beim Hinausgehen die Treppe nicht mehr runterzukommen.

Doch bis es so weit ist, dauert es noch eine ganze Weile. Denn schließ-lich seien wir ja Senioren, meint Herr Schwoferl, da wolle er es am Anfang nicht übertreiben. Und weil wir alle so schön mitgemacht hätten und Tanzen ja auch ein geselliges Ereignis sei, bitte er uns jetzt, nebenan um einen großen Tisch Platz zu nehmen. Seine Frau sei schon dabei, Kaffee, Tee und Kuchen aufzutragen.

Und so endet unser erster Tanzkursnachmittag mit einem gemütli-chen Kaffeekränzchen im Kreise Gleichgesinnter. Es gibt Schwarz-wälder Kirschtorte und cremiges Blätterteiggebäck, das Hulda und ich uns genüsslich schmecken lassen. Man glaubt ja gar nicht, was für einen Hunger man beim Tanzen bekommt!

Angenehme Ruhe

Seit Hulda und ich vor zehn Jahren geheiratet haben, schlafen wir jede Nacht in einem Zimmer im Obergeschoss unseres Reihenhauses nebeneinander in einem breiten Ehebett. Sie rechts, ich links – in Schlafrichtung gesehen. Doch das wird in letzter Zeit immer schwieriger. Weil ich nämlich zapple und Hulda grunzt.

Den ganzen lieben langen Tag tun meine Beine brav das, was ich von ihnen verlange. Doch damit ist es schlagartig vorbei, sobald ich mich ins Bett lege. Dann fangen sie auf einmal an zu zucken, springen unkontrolliert in die Höhe, fliegen nach links und rechts. Die Knie beugen und strecken sich mit solcher Wucht, dass ich einen Ball mit den Füßen bestimmt hundert Meter weit schießen könnte. Würde ich damit einen Menschen treffen, trüge der zumindest einen dicken blauen Fleck, wenn nicht gar einen Knochenbruch davon. Kein Wunder daher, dass Hulda sich massiv bedroht fühlt.

»Lieg gefälligst ruhig!«, fährt sie mich dann jedes Mal an. Mit eisiger, befehlsgewohnter Stimme, mit der sie früher rüpelnde Schülerinnen und Schüler im Sekretariat zur Ordnung gerufen hat.

Ich würde ihr ja nur zu gern den Gefallen tun, schließlich leide ich unter dem nervigen Gezappel selbst am meisten. Doch mindestens eine halbe Stunde lang führen meine Beine ein munteres Eigenleben, auf das ich nicht den geringsten Einfluss habe. Es ist, als gehörten sie nicht zu mir, sondern zu einer Marionette, an deren Fäden ständig jemand herumzupft. Was habe ich nicht alles probiert, um dem Übel beizukommen, habe die Ausgaben der *Apotheken-Umschau* der letzten 20 Jahre nach erprobten Rezepten durchsucht und Magnesium-, Kalzium- und Vitamin-D-Tabletten in Mengen geschluckt. Ohne den geringsten Erfolg.

In meiner Not habe ich sogar sämtliche Hemmungen über Bord geworfen und meine internettüchtige Enkelin Helmine in meine Einschlafprobleme eingeweiht. Woraufhin sie sich liebenswürdigerweise sofort angeboten hat, das World Wide Web nach probaten Gegenmitteln zu durchforsten. Doch das Einzige, was sie zutage gefördert hat, war die Empfehlung, die zappelnden Gliedmaßen vor dem Zubettgehen mit dem Saft von Kiwis aus einer bestimmten chinesischen Provinz einzureiben. Woraufhin sie von dem Zeug gleich eine unverschämt teure Flasche bei einem einschlägigen Internet-Reformhaus bestellt hat. Das habe ich dann jeden Tag mehrfach gründlich in Beine und Füße einmassiert. Doch abgesehen davon, dass die mit der Zeit immer pelziger wurden und einen unübersehbaren Grünstich bekamen, hat das nichts, aber auch gar nichts bewirkt.

Zum Glück wird das wilde Gezappel in der Regel nach etwa einer halben Stunde immer schwächer und hört schließlich ganz auf. Damit wäre endlich die Zeit gekommen, friedlich einzuschlummern. Doch daran ist überhaupt nicht zu denken, da Hulda regelmäßig noch während meiner letzten Zuckungen und damit vor mir ins Land der Träume abdriftet – und sofort anfängt, wild zu grunzen. Nicht schnarchen, wohlgemerkt, grunzen. Und zwar in einer Lautstärke, dass ich jedes Mal aufspringe und die Fenster schließe, um die Leute in den Nachbarhäusern nicht um ihre wohlverdiente Nachtruhe zu bringen. Vom hinlänglich bekannten Schnarchen unterscheidet sich ihr Getöse dadurch, dass sie dabei den Mund geschlossen hält. Keine Ahnung, wie sie das genau macht. Fakt ist jedenfalls, dass das Geräusch fast so schlimm ist wie das einer Kreissäge. Mehrmals habe ich schon versucht, den Ton originalgetreu nachzuahmen, um ihn ihr vorzuführen, doch das, was dann aus meinem Mund kommt, hat mit ihrem Gegrunze nichts, aber auch gar nichts gemein.

Grunzt sie, habe ich zwei Optionen: sie einfach gewähren lassen und versuchen, trotz des infernalischen Lärms einzuschlafen oder sie auf den Krach aufmerksam zu machen. Die erste Möglichkeit habe ich wirklich oft probiert, doch jedes Mal ohne Erfolg. Wer schon einmal versucht hat, neben einem Presslufthammer Ruhe zu finden, weiß, wovon ich rede.

Also bleibt nur Option zwei. Ich tippe Hulda sanft auf die Schulter und flüstere: »Du grunzt.« Na ja, ein bisschen lauter als geflüstert müssen meine Worte schon sein, sonst bewirken sie rein gar nichts. Dringen sie jedoch zu meiner schlafenden Frau durch, passiert jedes Mal etwas total Erstaunliches: Sie setzt sich mit einem Ruck auf und verkündet kategorisch: »Ich grunze nicht!«

»Und *wie* du grunzt«, pflege ich dann regelmäßig zu widersprechen, doch das überzeugt sie kein bisschen.

»Wenn ich schnarchen oder grunzen würde, müsste ich das ja hören«, erklärt sie dann. »Schließlich habe ich deine Worte ja gerade eben auch deutlich mitbekommen.«

Woraufhin sich regelmäßig etwa folgender Dialog entspinnt:

Ich: »Kein Mensch kann sich selbst im Schlaf hören.«

Hulda (trotzig): »Ich schon.«

Ich (um einen geduldigen Tonfall bemüht): »Nein, du auch nicht. Könnte man das, würde ja niemand mehr schnarchen oder im Schlaf sprechen. Dann würde er sich bei den ersten Tönen, die er von sich gibt, selbst hören und einfach damit aufhören. Der Witz ist aber doch gerade, dass der Schnarcher keine Ahnung davon hat, dass er schnarcht.«

Hulda: »Das mag für andere gelten, für mich nicht. Ich bekomme ja auch mit, wenn mir nachts eine Mücke um den Kopf rumsummt. Deshalb würde ich Geräusche, die ich angeblich von mir gebe, ganz sicher auch hören.«

Ich: »Schön wär's.«

Woraufhin sie sich jedes Mal umdreht, die Decke hochzieht und keine Minute später lautstark weitergrunzt.

So oder so ähnlich geht das Abend für Abend. Doch dann – bezeichnenderweise, als ich gerade an einem Bauernhof vorbeispaziere, wo zwei kapitale Eber im Matsch wühlen – kommt mir plötzlich eine glänzende Idee. Warum ist mir die nicht schon viel früher eingefallen? Kurz entschlossen breche ich den Spaziergang ab, fahre ins Stadtzentrum und kaufe mir in einem Elektrofachgeschäft ein Diktiergerät. Ein überaus handliches Teil, etwa halb so groß wie eine Zigarettenschachtel, mit dem man laut beiliegender Bedienungsanleitung sieben Stunden lang Sprache und Geräusche aufnehmen kann, bevor man den Akku neu laden muss. Das Gerät schalte ich noch am selben Abend, kaum dass Hulda eingeschlafen ist, ein und lege es neben ihr Kopfkissen. Nach etwa einer Stunde glaube ich, ihr Gegrunze zur Genüge aufgenommen zu haben, und gebe mir Mühe, endlich auch meinerseits einzuschlummern.

Am nächsten Morgen, noch im Bett, spiele ich Hulda die Aufnahme oder besser gesagt die ersten Minuten davon kommentarlos vor.

»Was soll das sein?«, fragt sie gähnend.

»Du.«

»Wie – ich?«

»Besser gesagt, dein allabendliches Grunzkonzert.«

Sie schüttelt energisch den Kopf. »Das ist doch totaler Blödsinn.«

»Ist es nicht. Du hörst es doch.«

»Solche Geräusche kann man mit Sicherheit aus dem Internet runterladen. So wie Klingeltöne fürs Handy. Ich wette, dass dir Helmine dabei geholfen hat. Der macht so ein Blödsinn Spaß.«

»Warum sollte ich mir denn so eine Mühe machen, nur um dich hinters Licht zu führen?«, frage ich. »Was hätte ich denn davon?«

»Das frage ich mich, ehrlich gesagt, auch. Fest steht jedenfalls, dass ich nicht der Erzeuger dieser komischen Geräusche bin.«

»Und warum soll das feststehen?«

Sie setzt sich noch ein wenig aufrechter hin und sieht mich todernst an. »Weil ich so was überhaupt nicht fertigbringe.« Damit fängt sie an, laut zu schnarchen, zu keuchen, zu ächzen und zu stöhnen. Aber etwas in der Art wie ihr allabendliches Gegrunze kommt dabei tatsächlich nicht aus ihrem Mund.

»Siehst du«, stellt sie zum Schluss kategorisch fest. »Das klingt alles total anders. Und jetzt lass mich bitte mit deinen abstrusen Beschuldigungen in Ruhe.« Spricht's, schleudert energisch die Bettdecke zur Seite und hat gleich darauf verärgert vor sich hin schimpfend das Zimmer verlassen.

Ich bleibe noch ein Weilchen liegen und lausche den Tönen des Diktiergeräts. Vielleicht ist es ja möglich, sich an das nervige Gegrunze zu gewöhnen, wenn man es nur oft und lang genug hört? So wie man das Geräusch des Motors auch nach einer Weile nicht mehr wahrnimmt, wenn man längere Zeit Auto fährt. Oder das Rattern der vorbeifahrenden Züge, wenn man direkt neben einer Bahnlinie wohnt. Möglicherweise schaffe ich es ja sogar, mich an Huldas akustische

Darbietungen nicht nur zu gewöhnen, sondern irgendwann ohne ihr Gegrunze nicht mehr einschlafen zu können? So wie ein kleines Kind, das zum Einschlummern unbedingt den Klang eines bestimmten Glockenspiels braucht.

Probieren kann ich's ja mal. Oder, wie Hulda sagen würde: »Die Hoffnung kratzt als Letzte ab.«

Nervige Marotten

Auch wenn wir für unser allabendliches Gezappel und Gegrunze natürlich nichts können, weil wir das ja beide nicht absichtlich tun und schon gar nicht, um den jeweils anderen zu ärgern, belegt beides eine Tatsache: Jeder Mensch besteht nicht nur aus Fleisch und Blut, sondern auch aus Unmengen von Angewohnheiten, Vorlieben und Abneigungen, sinnvollen ebenso wie abstrusen. Deshalb teilt jeder, der heiratet, sein Leben künftig nicht nur mit einem mehr oder minder geliebten Partner, sondern zwangsläufig auch mit dessen Spleens und Marotten. Da die Anpassungsfähigkeit an wechselnde Umstände aber mit fortschreitendem Alter immer mehr nachlässt, fällt uns die Gewöhnung an die Macken des jeweils anderen umso schwerer, je älter wir bei der Eheschließung sind. Es ist daher von der Natur durchaus schlau eingerichtet, dass sich Mann und Frau zwecks Paarbildung normalerweise schon in relativ jungen Jahren zusammentun. Denn mit jedem Jahr, das wir älter werden, wird das schwieriger. Was Hulda und mich betrifft, so sind wir zwar schon zehn Jahre verheiratet, waren aber zum Zeitpunkt unserer Eheschließung eben auch schon 66 beziehungsweise 63. Da passt man sich nicht mehr so leicht an. Doch was soll's. Irgendwie muss man halt mit den Schrullen des anderen zurechtkommen. Was für den ja umgekehrt genauso gilt. Denn natürlich habe auch ich eine Menge Vorlieben und Abneigungen, die meine Ehefrau immer wieder verständnislos die Augen rollen lassen. Wobei zwischen uns beiden allerdings ein entscheidender Unterschied besteht: Meine Angewohnheiten haben allesamt einen Sinn, der unser Zusammenleben erleichtert, während Huldas Marotten nur eines tun, nämlich nerven.

Fangen wir mal mit meinen Spleens an. Da ist etwa der Tischstaub-sauger. Ein geniales Gerät! Denn auf unseren hellen Wohnzimmer- und Flurfliesen sieht man leider jedes bisschen Schmutz, das man vielleicht mit den Straßenschuhen hereingetragen hat. Sticht mir so ein dunkler Fleck ins Auge, löst das bei mir geradezu einen Reflex aus: Ohne auch nur eine Sekunde zu zögern, renne ich in die Küche, greife mir das Saug-Ding, und nicht mal zehn Sekunden später ist der Dreck ratzfatz weg. Da sollte Hulda doch eigentlich froh sein, so einen rein-lichen Ehemann zu haben. Aber was tut sie jedes Mal? Schnaubt hör-bar, zieht die Augenbrauen hoch und stöhnt. Das soll einer verstehen.

Die einzige meiner allesamt – wie ich finde liebenswerten – Schrul-len, bei der ich ansatzweise nachvollziehen kann, dass ich sie damit nerve, ist mein Bücher-Ausrichte-Fimmel. Ich kann es nämlich ganz und gar nicht ausstehen, wenn in unserem Wohnzimmerschrank ein Buch nicht absolut akkurat in der Reihe steht. Deshalb lasse ich mei-nen Blick, sobald ich den Raum betrete, automatisch über sämtliche Bände im Schrank gleiten und rücke jedes, das nur wenige Millimeter aus der Reihe tanzt, sofort zurecht. Was ich davon habe? Das kann ich, ehrlich gesagt, auch nicht erklären. Fakt ist jedenfalls, dass ich mich in anderen Wohnzimmern ausgesprochen unwohl fühle, wenn dort die Bücher wie Kraut und Rüben in der Schrankwand herumstehen und -liegen. Ordnung ist nun mal das halbe Leben.

Oder meine Oberhemden. Es macht doch wirklich keine Mühe, sie so in den Kleiderschrank zu hängen, dass sämtliche Vorderseiten nach links gerichtet sind. So habe ich bei der Auswahl stets denselben Blickwinkel und muss nicht andauernd hin und her laufen. Aber das ist meiner Ehefrau weder mit guten noch mit bösen Worten beizu-bringen. Da stellt sie sich genauso stur an wie bei Küchenkrepp und Klopapier. Bei denen lege ich nämlich entschieden Wert darauf, dass das lose Teil vorne herunterhängt, keinesfalls hinten. Ist doch auch logisch, oder? Wie soll man denn exakt drei Blatt abreißen, wenn sich die Perforierung auf der Rollenrückseite befindet?

Apropos Klopapier. An Hulda stört mich massiv, dass sie das in solchen Mengen verbraucht, dass man denken könnte, wir bekämen es geschenkt. Kaum habe ich eine neue Rolle in den Halter gehängt, da ist sie auch schon wieder verbraucht. Und das liegt mit Sicherheit nicht an mir, weil ich mich, wie gesagt, von seltenen Ausnahmen abgesehen, stets auf genau drei Blatt beschränke. Und da außer uns beiden nur höchst selten eine andere Person unsere Toilette benutzt, kann ja nur Hulda die Übeltäterin sein. Doch die streitet das vehement ab. Selbst als ich mir einmal die Mühe gemacht habe, bei einer frischen Rolle Blatt für Blatt auf der Rückseite mit einer winzigen Zahl durchzunummerieren und mir nach jeder Benutzung immer den aktuellen Wert notiert habe, machte das auf sie keinerlei Eindruck. Ich erinnere mich an ein besonders krasses Beispiel. Da waren wir vor Huldas großem Geschäft bei Nummer 88 und hinterher bei 126. Sage und schreibe 38 Blatt hat meine Ehefrau einfach in die Kloschüssel gespült. Was für eine Verschwendung! Doch als ich ihr das vorhalte, schüttelt sie nur verständnislos den Kopf, stößt ein verächtliches »Spießer!« hervor und rauscht davon.

Was die Küche angeht, habe ich mir übrigens eine Verhaltensweise angewöhnt, von der niemand abstreiten kann, dass sie ausgesprochen praktisch ist: Ich räume gebrauchtes Geschirr grundsätzlich sofort in die Spülmaschine und stelle es nicht erst eine Weile auf der Küchenarbeitsplatte ab. So spare ich mir nicht nur, die schmutzigen Teller und Tassen zweimal in die Hand nehmen zu müssen, sondern sorge zudem dafür, dass es bei uns in der Küche immer sauber und aufgeräumt aussieht. Wie oft habe ich Hulda die Kombination dieser beiden Vorzüge schon auseinandergesetzt. Doch bislang sind meine Worte stets an ihr abgeprallt, ohne an ihrer unsinnigen Aufräummethode das Geringste zu ändern.

Und noch etwas anderes habe ich mir zur Gewohnheit gemacht, das ich für außerordentlich praktisch halte, mit dem ich aber immer wieder Huldas Unmut errege: Jedes Mal, wenn ich mich im Auto ans Steuer setze, betätige ich, bevor ich losfahre, für einen kleinen Moment die Hupe. Der kurze Ton kann eigentlich niemanden ernsthaft stören, gibt mir aber die Sicherheit, im Notfall jederzeit einen Warnton ausstoßen zu können, der möglicherweise Schlimmes verhindert. Gehen Piloten nicht auch vor jedem Start akribisch eine Checkliste durch, um die wichtigsten Funktionen des Flugzeugs zu überprüfen? Auch wenn sie das schon tausendmal getan haben und etliche dieser Funktionen wahrscheinlich nie oder höchstens in extrem seltenen Notsituationen benötigen werden? Ist es da nicht sinnvoll, von diesen Profis zu lernen? Eines steht jedenfalls fest: Ich werde an dem Hupencheck unter allen Umständen festhalten, da kann Hulda noch so gequält aufstöhnen oder die Augen verdrehen.

Wobei das mit dem Wegfahren so eine Sache ist. Denn in neun von zehn Fällen überkommt Hulda, kaum sitzen wir im Auto, die große Panik, sie könnte im Haus nicht alles ausgeschaltet haben. Irgendwo könnte noch Licht brennen, der Küchenherd noch in Betrieb oder der Kühl-Gefrier-Schrank nicht ordnungsgemäß geschlossen sein. Dann muss sie unbedingt noch einmal zurückgehen und nachsehen. Ich kann mich zwar nicht erinnern, dass sich das auch nur ein einziges Mal als nötig erwiesen hat, weil sie tatsächlich etwas entdeckte, was nicht so war, wie es sein sollte. Doch das hält sie in keinster Weise davon ab, auch beim nächsten Mal wieder aus dem Auto zu springen und zutiefst besorgt noch einmal nach dem Rechten zu sehen. Mehrmals habe ich ihr schon empfohlen, vor Verlassen der Wohnung die Pilotenmethode anzuwenden und alles, was dabei zu bedenken ist, auf einer Checkliste Punkt für Punkt abzuhaken. Aber dazu hat sie, warum auch immer, keine Lust. »Doppelt gestrickt hält länger«, sagt sie dann jedes Mal. Na, sei's drum.

Die bei Weitem schlimmste von Huldas Marotten ist jedoch ihr anscheinend unwiderstehlicher Drang, bei allem, was sie tut, zu singen. Sie singt bei der Küchenarbeit, sie singt im Garten, sie singt in der Badewanne, ja sie singt sogar auf dem Klo. Die einzige Zeitspanne, in der sie niemals singt, ist, wenn sie liest. Was sie zum Glück gern und oft tut. Beim Lesen hat sie allerdings einen anderen Spleen, der aber im

Gegensatz zu ihrem Geträller zumindest den Vorteil hat, kaum Geräusche zu verursachen: Sie vertieft sich derart intensiv in die Handlung, dass sie die Mimik der jeweils handelnden Personen ausdrucksstark imitiert. Liest sie etwa gerade eine Liebesszene, verzieht sie den Mund zu einem sanften Lächeln. Und wenn sich die Protagonisten küssen, spitzt sie sogar unwillkürlich den Mund. Ich warte in so einem Fall jedes Mal darauf, dass die Zuneigung zwischen dem handelnden Pärchen in heißen Sex ausartet. Es wäre wirklich interessant zu sehen, wie Hulda dann mitginge. Ob sie sich wohl die Kleider vom Leib reißen und unter ekstatischem Gestöhne wild zucken würde? Aber entweder sie liest so etwas Schlüpfriges prinzipiell nicht, oder sie hat sich bei Bettszenen mimisch in der Gewalt. Passiert in ihrem Buch aber gerade ein brutaler Mord, verzieht sie ihr Gesicht zu einer derart grässlichen Fratze abgrundtiefer Abscheu, dass mir bei ihrem Anblick kalte Schauer den Rücken hinunterlaufen. Manchmal stößt sie dabei sogar grauenhafte Laute panischen Entsetzens aus. »UUUUUUH – AAAAAAH – GRRRRRRRRR ...« Wie ein Zombie in der Falle.

Aber zurück zu ihrem nervtötenden Gesinge. Das wäre bei ihrer durchaus wohltönenden Stimme im Grunde gar nicht so schlimm. Schließlich spiegelt es ja ihre gute Laune wider oder, wie Laura es auszudrücken pflegt: »Wes das Herz voll ist, dem quillt es aus dem Mund.« Doch wenn Hulda nur die Töne träfe! Das gelingt ihr nämlich nur ausnahmsweise, ansonsten trällert sie ebenso unbekümmert wie rücksichtslos an der Melodie vorbei. Ich habe ihr schon ein paarmal ein Kompliment gemacht und ihre zauberhafte Stimme gelobt, verbunden mit der Empfehlung, sie doch wenigstens ein bisschen ausbilden zu lassen. Doch davon will sie nichts hören. Ihr Gesang gefiele ihr auch so, hat sie lächelnd erklärt und dabei gleich das nächste Lied angestimmt.

Doch nicht nur mit den Noten steht sie auf Kriegsfuß, auch mit dem Text nimmt sie es bei den von ihr bevorzugten alten Schlagern alles andere als genau. So singt sie bei dem bekannten Ohrwurm von Jürgen Drews aus den Achtzigerjahren statt »Ein Bett im Kornfeld ...« mit konstanter Bosheit jedes Mal: »Ein Päckchen Cornflakes ...« Und auch ihr absolutes Lieblingslied, das uralte »Wenn bei Capri die rote Sonne ...« textet sie gnadenlos um. Bei ihr versinkt besagte Sonne nämlich nicht im Meer, sondern sie brennt am Himmel, während zeitgleich auch die blasse Scheibe – wohlgemerkt nicht die bleiche Sichel – des Mondes, anstatt zu blinken, funkelt. Dass das rein astronomisch totaler Humbug ist, stört sie ebenso wenig wie die Tatsache, dass sich der Text ihrer Version kein bisschen reimt. Vom Versmaß ganz zu schweigen. »Wenn bei Capri ...« – ich bin ja schon froh, dass der Schauplatz der Handlung bei ihr nicht Helgoland ist – »... die rote Sonne am Himmel brennt und vom Himmel die bleiche Scheibe des Mondes funkelt ...« Wenn man so einen Mist – allein schon die unsägliche Himmel-Wiederholung tut mir als ehemaligem Deutschlehrer körperlich weh – immer und immer wieder hört, bedarf es schon einer fast übermenschlichen Willensanstrengung, um nicht die Beherrschung zu verlieren.

Eine Weile habe ich gedacht, ich könnte sie zur Vernunft bringen, indem ich sozusagen Gleiches mit Gleichem vergelte. Dafür habe ich immer wieder bekannte Balladen deutscher Dichter deklamiert, von denen ich eine ganze Menge im Kopf habe, und dabei deren Text gnadenlos verhunzt. So schlich bei mir etwa zu Dionys, dem Tyrannen, nicht der berühmte Damon mit dem Dolch im Gewande, vielmehr hieß der Schleicher Samson, und der Tyrann war eine Tyrannin namens Leonie. Und anstelle des Dolches hatte Samson in seinem Gewand ein Loch. Ich habe wirklich lange an dem Text gefeilt, der sich schließlich folgendermaßen anhörte: »Zu Leonie, der Tyrannin, schlich Samson, ein Loch im Gewande«, doch entweder ist Hulda nicht mit dem Original vertraut oder die Verballhornung, bei der der alte Schiller sich im Grab umdrehen würde, ist ihr schlichtweg egal. So wie sie eben auch erwartet, dass ich ihre eigenmächtigen Schlagertextänderungen widerspruchlos toleriere.

Frei nach einem von Huldas Lieblingsmottos: »Jedem Tierchen sein Vergnügen.«

Einkaufen kann so schön sein

Es soll Menschen geben, die ihren Lebensmitteleinkauf jedes Mal gleich für mehrere Tage im Voraus erledigen. Zu denen gehören Hulda und ich ganz gewiss nicht. Das wäre uns viel zu stressig. Da müssten wir ja schon am Montag entscheiden, was am Mittwoch auf den Tisch kommt. Nein, wir gehen jeden Tag aufs Neue in den Supermarkt und kaufen allerhöchstens für die nächsten 24 Stunden ein. Und wir erledigen das grundsätzlich zu zweit. Am liebsten um die Mittagszeit herum. Bis dahin haben wir uns nämlich geeinigt, was es am nächsten Tag zu essen geben soll, sodass wir die erforderlichen Besorgungen in aller Ruhe tätigen können. Außerdem ist zwischen zwölf und zwei im Supermarkt immer eine Menge los, oft wimmelt es geradezu von Kunden. Zu keiner anderen Zeit am Tag ist daher die Chance so groß, nette Bekannte zu treffen, mit denen man in einem der vielen schmalen Gänge einen fröhlichen Plausch halten kann. Das ist allenfalls problematisch, wenn der- oder diejenige auf einen Rollator angewiesen ist, der dann zugegeben ein wenig im Weg steht. Aber schließlich gibt es ja Parallelwege, sodass jeder, sofern er sich nur ein bisschen Mühe gibt, problemlos dahin gelangt, wo er hinwill.

Zu zweit einzukaufen, hat eine ganze Menge Vorteile. So können wir etwa an der Wursttheke in aller Ruhe besprechen, nach welchem Brotbelag jedem von uns gerade der Sinn steht. Und wie viel wir davon jeweils erwerben sollen. Wobei natürlich der Preis eine entscheidende Rolle spielt. Ich kaufe doch keine sündhaft teure italienische Salami, wenn es für den halben Preis auch eine fast genauso schmackhafte einheimische gibt. Hulda ist da weniger sparsam, die kauft einfach drauflos, wonach ihr gerade der Sinn steht. Allein deshalb ist es schon gut, dass ich immer als quasi kontrollierende Instanz dabei bin. Schließlich haben wir unser Geld nicht gestohlen.

Oder beim Obst. So mag ich zum Beispiel am liebsten möglichst weiche Birnen. Und zwar nicht nur wegen meiner Zahnprothese. Ich verschaffe mir also zunächst einen groben Überblick über das Angebot und teste anschließend bei jeder Sorte mithilfe eines herzhaften Fingerdrucks die Konsistenz. Doch selbst danach bin ich mir oft noch immer nicht sicher, ob ich die richtige Wahl getroffen habe. Dann ist es wunderbar, dass Hulda dabei ist, kann ich sie doch bitten, auch einmal Hand anzulegen. Das dauert zwar eine Weile, aber wir haben es ja nicht eilig. Es ist doch auf alle Fälle besser, sich beim Einkaufen Zeit zu lassen und sämtliche Optionen gewissenhaft abzuwägen, als nachher zu Hause festzustellen, dass man sich vertan oder unnötig viel Geld ausgegeben hat. Das verdirbt einem doch den ganzen Spaß am Essen.

Aber es gibt noch einen anderen Grund, warum ich Hulda beim Einkaufen gerne unter die Arme greife beziehungsweise ihr mit Freuden zur Seite stehe. Sie macht sich nämlich so gut wie nie die Mühe, die Etiketten der diversen Produkte gründlich zu studieren. Ich meine, sich umfassend schlauzumachen, was da alles drin ist. Man glaubt ja nicht, wie viele Lebensmittel Zucker enthalten. Und in welchen Mengen! Wo man doch überall liest, wie schädlich der ist. Aber davon war ja schon die Rede – ebenso wie vom leidigen Fett. Auch wenn uns unser Körper zuverlässig sagt, was uns guttut und was nicht, müssen wir uns das Gute ja nicht unbedingt kiloweise einverleiben. Wo es doch von allem und jedem inzwischen sogenannte Lightprodukte gibt. Schließlich gehören wir beide ja schon seit Längerem nicht mehr zum eher schlanken Teil der Bevölkerung. Hulda behauptet zwar, Light-Emmentaler würde wie Pergamentpapier schmecken, da äße sie lieber gar keinen Käse, aber ich finde, man muss auch bereit sein, für seine Gesundheit Abstriche zu machen. Ich möchte jedenfalls nicht, dass der Prediger bei meiner Beerdigung dereinst mit Grabesstimme verkündet: »Der Verstorbene könnte durchaus noch unter uns weilen, wäre er nicht so unbelehrbar fetten Käsesorten verfallen gewesen.«

Aber natürlich gibt es im Supermarkt auch dieses oder jenes – Kosmetikprodukte etwa oder Artikel für die Intimhygiene –, dessen Auswahl ich Hulda liebend gerne überlasse, ohne ihr dabei beratend zur Seite zu stehen. Dann finde ich es jedes Mal wunderbar, dass der Laden über ein ausgesprochen umfangreiches Zeitschriftenangebot verfügt. Vor dem entsprechenden Regal könnte ich mich blätternd und lesend stundenlang aufhalten. Erst neulich wieder habe ich, während Hulda ausgiebig das Angebot an Nagellack, Lippenstift und weiß Gott was sonst noch prüfte – Harvey würde sagen *checkte* – im *Spiegel* einen hochinteressanten Artikel über die Doppelmoral in den Fünfzigerjahren gelesen. An viele der namentlich genannten Politiker und sonstigen Persönlichkeiten konnte ich mich noch ganz genau erinnern. Wenn mir ihr Name vielleicht auch nicht auf Anhieb eingefallen wäre.

Den größten Vorteil, im Supermarkt zu zweit zu sein, hat man jedoch an der Kasse. Und zwar vor allem dann, wenn sich davor eine lange Schlange gebildet hat, was mittags um zwölf, halb eins fast regelmäßig der Fall ist. Da kann es nämlich jede Sekunde passieren, dass eine zweite oder dritte Kasse geöffnet wird. Und dann heißt es, blitzartig zu reagieren! Damit das zuverlässig klappt, stellt Hulda sich jedes Mal brav ans Ende der Schlange, während ich möglichst unauffällig an den Laufbandenden der anderen beiden Kassen hin und her schlendere. Ertönt dann die ersehnte Meldung der zusätzlichen Kassenöffnung, bin ich in null Komma nichts der Erste in der Reihe und rufe Hulda mit ihrem Einkaufswagen zu mir rüber. Sie glauben ja nicht, wie viel Zeit man durch diesen simplen Trick spart. Selbst wenn das bei jedem Einkauf nur drei Minuten sind, kommen so in einer einzigen Woche fast zwanzig Minuten zusammen. »Kleinvieh scheißt eben auch«, wie Hulda zu sagen pflegt. Das macht in einem Monat fast eineinhalb Stunden und in einem Jahr nahezu einen kompletten Tag. Von der Ersparnis in einem vollen Menschenleben gar nicht zu reden.

Zudem kommt es trotz aller Mühe, die wir uns beim Auswählen der einzelnen Waren geben, leider hin und wieder vor, dass wir etwas vergessen haben oder erst kurz vor der Kasse merken, dass das, was wir da gerade auf das Band gelegt haben, doch nicht das Richtige ist. Dann ist es ein Segen, dass einer von uns in der Schlange stehen bleiben kann, während der andere rasch das Vergessene besorgt beziehungsweise das irrtümlich Ausgewählte umtauscht. Blöd ist das allenfalls, wenn wir die Ersten in der Schlange sind. Aber dann müssen die Leute hinter uns halt ein bisschen Geduld haben. Auf ein paar Minuten mehr wird es denen ja wohl nicht ankommen.

Aber Geduld hin oder her, in jedem Fall geht es schließlich ans Bezahlen. Und dabei tut mir immer die Kassiererin leid, weil die allermeisten Kunden so rücksichtslos sind, ihr kurzerhand einen Schein rüberzureichen. Auf die Schnelle, ohne auch nur einen einzigen Blick in das Münzfach ihres Geldbeutels geworfen zu haben. Da ist die arme Frau dann jedes Mal gezwungen, das passende Wechselgeld herauszugeben. Anstatt sich auch mal ein paar Sekunden Ruhe gönnen zu können. Wie froh muss die Arme daher sein, wenn Hulda und ich an der Reihe sind. Denn wir bemühen uns grundsätzlich, ihr das lästige Ausrechnen, Herauskramen und Überreichen des überzahlten Betrags zu ersparen, indem wir, wenn irgend möglich, auf den Cent genau bezahlen. Was für uns den zusätzlichen Vorteil hat, nicht immer mit so viel Kleingeld rumlaufen zu müssen, das unseren Geldbeutel unnötig zu einer Art dickem Klotz macht.

Passgenau bezahlen könnte ich natürlich grundsätzlich auch allein, aber immer wieder passiert es mir, dass ich, wenn der geforderte Betrag zum Beispiel 13,87 Euro beträgt, trotz intensiver Suche in jedem Winkel meines Geldbeutels nur 13,83 Euro zusammenbringe. Wenn Hulda dabei ist, kann ich sie einfach fragen: »Liebling, hast du vielleicht mal vier Cent?« Was meistens der Fall ist. In derartigen Situationen, in denen meine Frau auch noch ihren Geldbeutel rauskramen und darin nach den fehlenden vier Cent fahnden muss, geht regelmäßig ein dankbares Lächeln über das Gesicht der Kassiererin, verlängert unsere Aktion ihre Ruhepause doch gleich noch mal um mindestens zwei Minuten.

Doch weil wir gerade bei der Kasse sind: Da habe ich jetzt schon mehrmals etwas beobachtet, was ich, so intensiv ich auch nachdenke, beim besten Willen nicht verstehe. Dass nämlich die Kassiererin eine Kundin oder einen Kunden fragt: »Möchten Sie Bargeld mitnehmen?« Erstaunlicherweise kommt es dann vor, dass der oder die so Beschenkte das großzügige Angebot ablehnt. Das müssen Sie sich mal vorstellen! Da kostet der Einkauf vielleicht 20 Euro, und dann bekommt man zum Dank, dass man den Supermarkt mit seinem Besuch beehrt hat, 100 oder 200 Euro geschenkt. Einfach so. Hulda und mir ist das bedauerlicherweise noch nie passiert. Und um das Bargeld zu betteln, fehlt uns der Mut. Aber richtig ist das nicht. Schließlich sind wir Vollsenioren Kunden wie alle anderen auch. Wir haben uns schon gefragt, ob die Kassiererin vielleicht alle Leute in der Schlange kennt und den warmen Geldregen nur denen zukommen lässt, die sich den Einkauf sonst nicht leisten können. Kinderreichen etwa, Obdachlosen oder Sozialhilfeempfängern. Aber neulich habe ich gesehen, wie eine todschick gekleidete Dame, nachdem sie sage und schreibe 300 Euro geschenkt bekommen hat, draußen auf dem Parkplatz in einen sündteuren Porsche stieg. »Der liebe Gott scheißt immer auf den höchsten Stapel«, meinte Hulda dazu und schüttelte voller Entrüstung den Kopf.

Doch wenn ich mir das Ganze recht überlege, ist es ja eigentlich gar nicht verwunderlich, dass die Frau mit so einer Nobelkarosse davonfuhr. Denn würde die Kassiererin Hulda und mich ebenfalls jedes Mal so großzügig mit Bargeld beglücken, könnten wir uns ein Gefährt dieser Preisklasse auch locker leisten.

Ein Abend mit Freunden

Am nächsten Mittwoch ist unser zehnter Hochzeitstag. Den wollen wir mit ein paar Freunden feiern. Ganz zwanglos: Wurst- und Käseplatte, Knabbergebäck, Bier und Wein. Na ja, und vielleicht auch das eine oder andere Schnäpschen zur Verdauung.

Also starten wir einen Rundruf. Und fangen bei den Schulzes an. Ich wähle und warte. Es tutet und tutet und tutet. Die scheinen gerade nicht zu Hause zu sein. Gleich wird sich der Anrufbeantworter melden. Tut er auch, aber ganz anders als erwartet. Normalerweise hört man da Horsts Stimme: »Guten Tag, hier ist der Anrufbeantworter von Hilde und Horst Schulze. Wir sind zurzeit leider nicht zu Hause ...« Altbackene Aufsprache im Stil der Sechzigerjahre eben. Doch heute ertönt eine helle Jungenstimme: »Keiner da. Nachricht nach dem Bing.« Das war's. Sicher einer ihrer gefühlt hundert Enkel.

Rufen wir halt mal den Sohn an. Der sollte doch wissen, wo sich seine Eltern rumtreiben. Es meldet sich eine Mädchenstimme, dem Klang nach die einer Fünf- oder Sechsjährigen: »Mara Schulze«, und mir geht kurz durch den Kopf, dass die Schulzes junior an die acht Kinder haben.

»Hallo«, sage ich. »Humpff hier. Kannst du mir vielleicht sagen, wo deine Oma und dein Opa sind? Ich erreiche sie nämlich nicht.«

»Klar«, kommt es fröhlich zurück. »In Malle.«

»Du meinst, auf Mallorca«, entfährt es mir, bevor ich mir auf die Zunge beißen kann. Einmal Lehrer, immer Lehrer, das wirst du einfach nicht los.

»Papa hat gesagt, sie sind in *Malle*«, beharrt die Kleine, hörbar angefressen.

»Was machen sie denn da?«

»Schnorcheln.«

»Und wo genau? Weißt du das?«

»Ja, sicher. Da, wo das Wasser besonders tief ist.«

Vage erinnere ich mich, dass Horst und Hilde schon ein paarmal in den höchsten Tönen geschwärmt haben, wie toll es sei, im Meer bei Mallorca Fische zu beobachten.

»Haben sie euch das erzählt?«, frage ich und überlege, wo um die Insel herum das Meer besonders tief sein soll. Und warum die beiden ausgerechnet dort auf Fischbeobachtung gehen. Wo sie doch sowieso nur an der Wasseroberfläche schnorcheln können.

»Genau. Oma Hilde hat zu Papa gesagt, sie würden bei den Malle-Tiefen schnorcheln. Das habe ich ganz genau gehört. Weil es dort total viele bunte Fische gibt.«

Ich bedanke mich höflich für die Antwort und lege auf.

Malle-Tiefen ... Malle-Tiefen ..., überlege ich. Ich kenne mich auf der Insel einigermaßen aus. Aber Malle-Tiefen, das sagt mir gar nichts.

»Hast *du* schon mal was von den Malle-Tiefen gehört?«, frage ich deshalb meine Ehefrau, als sie vom Einkaufen zurückkommt. »Dort

sollen Hilde und Horst gerade sein. Hat mir zumindest ihre kleine Enkelin erzählt.«

»Nee«, antwortet sie. »Malle-Tiefen ... Malle-Tiefen ... Nein ...« Dann
bricht sie plötzlich in schallendes Gelächter aus. »Die meint die Male-
diven! Ganz sicher!«

Ich lächle gequält. Da hätte ich weiß Gott auch draufkommen können. Die Schulzes fallen also aus. Kann man nichts machen. Alle bekommt man ohnehin nie zusammen. Versuchen wir's also bei Wilma.
Die ist Witwe und freut sich erfahrungsgemäß über jede Abwechslung in ihrem öden Alltagseinerlei.

Doch sie gibt mir einen Korb. »Mittwoch geht leider nicht. Da habe
ich einen Zahnarzttermin.«

»Größere Sache?«

»Nein, nur Kontrolle und Prophylaxe.«

Ich stöhne verhalten. »Aber doch sicher nicht am Abend.«

»Nein, am Nachmittag. Aber ich hasse es, wenn man mich stresst.
Wenn ein Termin den anderen jagt. Das hatte ich früher im Beruf zur
Genüge. Das brauche ich jetzt wirklich nicht mehr.«

Dazu müssen Sie wissen, dass Wilma bis zu ihrer Pensionierung bei
der hiesigen Tageszeitung für die privaten und geschäftlichen Inse-
rate verantwortlich war. Wie oft hat sie uns erzählt, sie hätte wieder
einmal in letzter Minute das komplette Konzept über den Haufen
werfen müssen, weil ein wichtiger Kunde unbedingt noch eine An-
zeige für den nächsten Tag schalten wollte.

»Aber wir haben nun mal am Mittwoch Hochzeitstag«, versuche ich, sie umzustimmen. Doch vergeblich. An jedem anderen Tag gern, lässt sie mich wissen, man könne ja schließlich auch nachfeiern.

Das wollen Hulda und ich aber nicht. Deshalb bescheiden wir Wilma mit einem »Dann halt ein andermal« und versuchen unser Glück bei den Hilperts. Die sind doch eigentlich immer zu Hause und haben normalerweise auch nichts Besonderes vor.

»Hilpert«, meldet sich Georg schon nach dem zweiten Klingeln. Zu Hause sind sie also tatsächlich. Doch die Einladung zu unserem Hochzeitstag lehnt Georg bedauernd ab. »Am Mittwoch sind wir in München. Mit dem Bus. Kaffeefahrt, organisiert vom hiesigen Gewerbeverein. Da kommen wir, wie's aussieht, erst spät wieder. Danach haben wir ganz sicher keine Lust mehr auszugehen. Das verstehst du doch, oder?«

Klar verstehe ich das. Würde Hulda und mir genauso gehen. Hensels haben als Übernachtungsgäste ihre beiden Enkel, die sie »unter gar keinen Umständen« allein lassen können, und Winklers den Hund von Freunden, der ein bisschen heikel sei, sodass es ganz unmöglich sei, ihn mitzubringen. Gärtners sind bei einem Vortrag über Hüftgelenksarthrose und Singers im Thermalbad bei der wöchentlichen Aquagymnastik für Senioren.

Uns bleibt nur noch eine einzige Hoffnung: die greise Frau Hollerbach aus dem Nachbarhaus. Die kann man zwar schwerlich als Freundin bezeichnen, aber besser sie, als gar keine Gäste zu haben. Sie sagt auch freudig zu.

So sitzen wir also am Mittwochabend zu dritt um unseren Fonduetopf herum und schieben uns weitgehend schweigend – Frau Hollerbach ist praktisch taub – Fleisch und Beilagen in den Mund. Und nehmen uns eines vor: Gleich morgen laden wir unsere Freunde zur Silberhochzeit in 15 Jahren ein.

Der 90. Geburtstag

Zum Glück gibt es immer mehr Vollsenioren, die nicht so naiv-optimistisch sind wie wir. Die wissen, dass ihre Altersgenossen und -genossinnen planen müssen. Und dazu Zeit benötigen. Viel Zeit sogar. So etwa Martha Moser, ihres Zeichens Exkollegin aus dem Humperdinck-Gymnasium, genauer gesagt: eine der beiden ehemaligen Kunstlehrerinnen. Von der liegt Anfang Februar ein farbenfrohes Schreiben in unserem Briefkasten, mit dem sie uns zu ihrem 90. Geburtstag einlädt. Ende Oktober, in einem nahen Waldgasthof, zum Brunch.

Der zeitliche Vorlauf erscheint sehr lang, ist aber – siehe unser Hochzeitstag – überaus sinnvoll. Die Chance, dass zu dem Fest zumindest ein großer Teil der Eingeladenen erscheint, weil sie an dem Tag noch nichts vorhaben, ist so erheblich höher. Wobei die Anzahl der Gäste naturgemäß von einem runden Geburtstag zum nächsten immer mehr abnimmt. Und selbstverständlich besteht stets das Risiko, dass von denjenigen, die nach Erhalt der Einladung freudig zusagen, es der eine oder andere bis zum Fest nicht mehr schafft. Deshalb wollen erfahrene Wirte, die derartige Seniorenfeiern ausrichten, üblicherweise erst zwei Tage vor dem Event die exakte Anzahl der Gäste wissen.

Einen 90. hatten wir bislang noch nicht. Mehrere 80., zahlreiche 70., die schon, aber noch keinen 90. Wo und wie haben wir nicht schon überall zusammen getafelt: Wildessen in einer Jagdhütte, Fisch- und Seevogelbüfett auf einem Rheindampfer, Millenniummenü in einem Fünfsternehotel in den Alpen, ja einmal sogar – da waren wir allerdings noch wesentlich jünger – Wurst- und Steakgrillen auf einem

Isarfloß. Der absolute Höhepunkt war aber ein zwar nicht allzu üppiges, dafür jedoch überaus schmackhaftes Dinner in einem Zeppelin über dem Bodensee.

Doch die Zeiten derartiger Events sind vorbei. Je älter Gastgeber und Gäste wurden, desto weniger exotisch waren die Örtlichkeiten – Harvey würde *Locations* sagen. Seit einigen Jahren erfreut sich bei uns Vollsenioren zu derartigen Jubiläen eine Kombination aus Frühstück und Mittagessen, neudeutsch *Brunch* genannt, besonderer Beliebtheit. Die hat nämlich im Vergleich zu abendlichen Veranstaltungen zwei entscheidende Vorzüge: Zum einen haben daran auch die wirklich betagten Freunde Spaß, die üblicherweise spätestens um halb zehn ins Bett zu gehen pflegen, zu einer Zeit also, zu der wir früher mit dem Feiern erst so richtig angefangen haben. Und zum anderen wird dabei – schließlich kommen die meisten Gäste nach wie vor mit dem Auto – deutlich weniger Alkohol, sprich Bier und vor allem Wein und Hochprozentiges, konsumiert. Was das Ganze für den Jubilar doch gleich erheblich preiswerter macht.

Der relativ lange Zeitraum zwischen Einladung und Feier hat nicht nur den Vorteil, das bevorstehende Ereignis rechtzeitig in den Terminkalender eintragen zu können, es ermöglicht auch, in aller Ruhe zwei obligatorisch wiederkehrende Fragen zu beantworten: Was zieht man an und was soll man schenken? Schließlich will man ja perfekt gekleidet erscheinen. Und natürlich in Ruhe überlegen, womit man dem Jubilar oder der Jubilarin vielleicht eine Freude macht, anstatt in allerletzter Minute noch schnell irgendeinen Krempel kaufen zu müssen.

Für Männer ist die Bekleidungsfrage schnell geklärt: Eine Sakko-Hosen-Kombination in gedeckten Farben, dazu ein helles Hemd und eine modische Krawatte – das passt immer. Und falls man bei der allgemeinen Begrüßung merkt, dass man im Vergleich zu den anderen Gästen *overdressed* ist – ein Wort, das ich diesmal von Helmine habe –, kann man den Schlips immer noch abstreifen.

Weitaus komplizierter gestaltet sich die Auswahl der angemessenen Garderobe für Frauen, wobei Hulda in dieser Hinsicht besonders anspruchsvoll zu sein scheint. Egal, wie überladen ihr Kleiderschrank ist, kaum hat sie die Einladung zu irgendeiner Feier gelesen, behauptet sie mit zuverlässiger Regelmäßigkeit: »Da können wir nicht hin. Dafür habe ich nichts anzuziehen.« Gegen diese ebenso obligatorische wie wahrheitswidrige Behauptung Einwände zu erheben, habe ich mir seit Langem abgewöhnt. Würde ich das tun, dann hieße es nur, ich hätte für jeden Mist Geld, aber nicht für ein geschmackvolles Äußeres meiner Ehefrau. Und mit absoluter Sicherheit käme dann die blöde Frage: »Oder möchtest du, dass ich unter all den eleganten Damen aussehe wie eine Vogelscheuche?«

Am Ende läuft das dann so gut wie immer darauf hinaus, dass Hulda mich in der Stadt von einem Bekleidungsgeschäft zum nächsten schleppt – im ersten, das wir besuchen, würde sie niemals kaufen, und wenn es da noch so tolle Sachen gibt –, bis wir schwer bepackt und um ein paar Hunderter ärmer wieder heimgehen. Und da ihr Kleiderschrank natürlich nur eine begrenzte Kapazität hat, landet dann zwangsläufig ein Teil des Inhalts in der Altkleidersammlung. Na schön, sei's drum.

Weitaus schwieriger gestaltet sich im Fall der 90er-Feier schon die Antwort auf Frage Nummer zwei: Was sollen wir Martha schenken?

»Ein Buch?«, schlage ich zaghaft vor.

Hulda zuckt die Achseln. »Hast du eine Ahnung, was die so liest?«

Ich schüttle den Kopf. »Keine genaue. Aber ich habe mal wo gehört, dass speziell alte Damen gern Liebesromane lesen. Ist für sie angeblich eine Art Ausgleich für reale Freuden.«

»Glaubst du das?«, fragt Hulda und kann sich dann nicht verkneifen, grinsend hinzuzufügen: »Dann müsste ich ja auch ein Fan derartiger Bücher sein.«

Darauf gehe ich jetzt lieber nicht ein und sage stattdessen: »Du erinnerst dich doch sicher noch daran, wie wir für Frau Hölzenbein, als die im Krankenhaus lag, die Wohnung gehütet haben.«

Sie lacht laut auf. »Du meinst die Pornos, die wir in ihrem Schlafzimmer gefunden haben?«

»Genau. Die begnügt sich offenbar nicht mit dem Lesen.«

»Heißt das«, fragt Hulda mit schelmischem Grinsen, »du willst Martha einen Porno schenken?«

Ich winke ab. »War doch nur Spaß. Schlag *du* was vor.«

»Jedenfalls kein Buch. Das ist erstens alles andere als originell, und zweitens werden Bücher oft gar nicht geschenkt, damit der Beschenkte sie liest, sondern damit er den, von dem er das Buch bekommt, für besonders intellektuell hält. Denk doch mal dran, wie mir Herbert zum letzten Geburtstag die gesammelten Werke von Seneca überreicht hat. Mit total verklärtem Gesichtsausdruck und natürlich nicht, ohne dazu lautstark, damit es auch ja alle hören, zu bemerken, daraus könne man doch so viel für die Gegenwart lernen. Der weiß sicher ganz genau, dass ich so etwas nie und nimmer lese. Das war jedenfalls pure Angabe!«

»Da ist was dran«, stimme ich zu. »Mir hat mal ein Kollege Vergils *Aeneis* geschenkt. In lateinischer Originalfassung. Und ein andermal habe ich ein Buch mit dem schönen Titel *Die Transzendentalphilosophie erläutert anhand Kants Kritik der reinen Vernunft* bekommen. Ich weiß gar nicht, ob ich das Buch noch besitze. Wenn ja, habe ich jedenfalls kein einziges Mal reingeschaut.«

Nachdem wir also ein Buch als Geschenk ausgeschlossen haben, denken wir über eine Alternative nach. Aber dazu fällt weder Hulda noch mir etwas halbwegs Originelles ein. Also verschieben wir die Entscheidung auf den März. Doch da kommt uns ebenso wenig die bahnbrechende Erleuchtung wie im April, Mai und Juni. Im Juli schlage ich zögernd einen Rollator mit Motorantrieb und Rückwärtsgang vor, doch der erweist sich bei näherer Recherche als viel zu teuer. Und ein Abo für Inkontinenzeinlagen hält Hulda für ebenso unangebracht wie die DVD *Die letzten Jahre – was noch zu tun bleibt,* die ich vor Kurzem im Schaufenster eines Bestattungsinstituts gesehen habe.

Anfang September stellt sie fest, dass uns zur Klärung der Geschenkfrage allmählich die Zeit ausgeht, und schlägt eine Dreifach-Leselupe mit LED-Beleuchtung oder einen Duschhocker mit elektrischer Aufstehhilfe vor. Das ist zwar alles nicht schlecht, aber der Hit ist es auch nicht. Dasselbe gilt für den Gehstock, der sich im Fall eines Sturzes automatisch wieder aufrichtet und dazu noch per Funk Hilfe anfordert, und für den Tablettendosierer mit Warnton, der sofort ertönt, wenn ein Medikament nicht zur vorgesehenen Zeit eingenommen wird.

Dann, es ist schon Oktober, kommt mir auf einmal die rettende Idee. Schuld daran ist ein Traum. »Heute Nacht habe ich von einem Klassenausflug geträumt«, erkläre ich Hulda am nächsten Morgen. »Und dabei ist mir wieder eingefallen, mit welch begeisterter Ausdauer Martha jeden Abend, wenn die Kids in ihren Zimmern und wir Lehrer unter uns waren, einen Wein und einen Schnaps nach dem anderen in sich hineingeschüttet hat. Einmal mussten zwei Kollegen und ich sie regelrecht ins Bett tragen, so hackedicht war sie.«

»Das heißt«, fragt Hulda mit skeptischem Gesichtsausdruck, »wir sollen ihr etwas Alkoholisches schenken? Findest du das echt gut? In ihrem Alter?«

Ich nicke eifrig. »Irgendetwas Hochprozentiges. Ich bin sicher, das ist der absolute Volltreffer. Zumal von den anderen Gästen mit Sicherheit niemand ihre diesbezügliche Schwäche kennt. Die schenken ihr bestimmt alle irgendwelche blöden Bücher und ...«

»Und Gutscheine«, fällt Hulda mir ins Wort. »Das ist doch das beliebteste Geschenk überhaupt.«

»Richtig«, stimme ich zu. »Zu meinem letzten Geburtstag habe ich nicht weniger als 16 Stück davon bekommen. Für alle möglichen Gelegenheiten und Einsatzzwecke.«

»Der beste war der Gutschein für einen Männer-Kosmetiksalon«, lacht Hulda. »Da bist du bis heute nicht gewesen.«

»Das stimmt. Und da werde ich auch nicht hingehen«, bestätige ich trotzig. »Weil Gutscheine einfach Mist sind. Entweder du kannst sie bei so etwas Originellem wie einer Buchhandlung oder einem Schreibwarengeschäft einlösen oder, schlimmer, sie zwingen dich zu etwas, was du vielleicht gar nicht willst: einem Tandemabsprung mit dem Fallschirm etwa oder einem Rundflug mit einem Heißluftballon.«

»›Fahrt‹«, berichtigt Hulda mich. »Bei Ballons heißt es ›fahren‹ und nicht ›fliegen‹.«

»Ist doch jetzt egal. Jedenfalls ist eine Flasche Schnaps etwas viel Handfesteres. Zumal ich ganz sicher weiß, dass die bei Martha nicht ungeöffnet im Schrank verschwindet. Du wirst sehen, wie sie strahlt, wenn sie von uns endlich mal ein Geschenk bekommt, mit dem sie wirklich etwas anfangen kann.«

Dann ist er endlich da, der große Tag des 90. Geburtstags. Mit einer Flasche edlem Marillenbrand aus Südtirol in einer noblen Kristallkaraffe betreten Hulda und ich den Waldgasthof *Zum hüpfenden Rehlein*. Die Zahl der Gäste im Vollsenioren-Alter ist erwartungsgemäß überschaubar, jeder, der erkennbar jünger ist, gehört zu Marthas großer Familie.

Die Jubilarin – in einen farbenfrohen indischen Sari gewandet, schließlich ist sie Künstlerin – begrüßt uns mit einem warmen Lächeln und behauptet, es sei für sie eine Riesenfreude, uns mal wieder zu sehen. Sie ist eine korpulente Dame mit einem kugelrunden Kopf, der mich schon früher immer an einen Kürbis erinnert hat. Ihr Gesicht ist für ihr Alter noch erstaunlich glatt – was wieder einmal beweist, dass eine gewisse Körperfülle mit reichlich Polsterfett die sonst in diesem Alter üblichen Falten wirksam glättet. Das ist wie bei einem Wasserball, der sich ja auch immer ebenmäßiger rundet, je mehr man ihn aufbläst. Ausgesprochen unschön an Martha ist dagegen ihr Kopfhaar beziehungsweise das, was die einstmalige Lockenpracht ersetzen soll. Denn die hat sie vor einigen Jahren im Zuge einer Chemotherapie bis auf minimale Reste eingebüßt und trägt seither eine Perücke. Und die ist wirklich kein Meisterwerk der Handwerkskunst, sondern erinnert eher an einen Fransenteppich.

Doch das tut Marthas seit jeher guter Laune keinen Abbruch. Sie begrüßt jeden Einzelnen ihrer Gäste in würdevoller, aufrechter Haltung mit einem herzlichen Lächeln wie zuvor schon Hulda und mich. Leider lehnt sie die Entgegennahme von Geschenken ab und bittet alle, das Mitgebrachte auf ein kleines Tischchen am Fenster zu legen. Sie werde sich später alles in Ruhe ansehen. Na schön. Ich hatte mich zwar sehr auf ihren ebenso überraschten wie begeisterten Gesichtsausdruck beim Anblick unseres hochprozentigen Präsents gefreut, aber so muss der Spaß eben noch ein Weilchen warten.

Doch dann der Schock! Auf besagtem Tisch türmen sich keineswegs, wie von mir erwartet, Bücher und Gutscheine, sondern da steht eine Flasche neben der anderen: Sekt, Rot- und Weißwein, Whisky, Cognac, Calvados, Obstbrände – alles ist reichlich vorhanden. Marthas Vorliebe scheint doch kein so großes Geheimnis gewesen zu sein. Was für eine Enttäuschung! Ich sehe Hulda schulterzuckend an und sie zuckt zurück. »Erstens kommt es anders«, kommentiert sie augenzwinkernd unsere Fehleinschätzung, »und zweitens als man vermutet.«

Nach einer launigen Ansprache der rüstigen und offenbar auch geistig noch erstaunlich fitten Martha fordert sie ihre Gäste schließlich auf, zum Essen Platz zu nehmen. Das bedeutet, auf den überall verteilten Sitzkarten nach dem eigenen Namen zu suchen. Rasch werden wir fündig. Für Hulda und mich sind Plätze an einem langen Tisch auf der Fensterseite des Raumes reserviert. Hulda sitzt rechts neben mir, und dann lese ich, wen ich links von mir zu erwarten habe. Und da trifft mich fast der Schlag! Denn niemand anderen als die Baronin von Ludersberg hat man mir als Tischnachbarin zugedacht. Ausgerechnet diese blöde Zicke! Die an allem und jedem etwas rumzumeckern hat. Schon einmal hatte ich das zweifelhafte Vergnügen, bei einer Festivität neben ihr zu sitzen, und damals hat sie mir mit ihrem ständigen Genörgel den Abend so was von verdorben, dass ich das nie vergessen werde. Panik macht sich in mir breit. Aber was soll ich tun? Martha fragen, ob sie die Sitzordnung nicht noch auf die Schnelle ändern kann? Das Schildchen mit dem Namen der Baronin kurzerhand in meiner Tasche verschwinden lassen? Oder so tun, als hätte ich meine Brille vergessen und könnte die Tischkarten daher nicht lesen, sodass Hulda und ich gezwungen wären, uns einfach irgendwo hinzusetzen? Würde man uns das abnehmen? Und vor allem: Würden diejenigen, für die der Platz ursprünglich bestimmt war, dann vielleicht notgedrungen unsere Stühle einnehmen? Doch zu spät. Schon schiebt die fette Matrone den Stuhl neben mir zurück und lässt sich keuchend darauffallen. Es klingt, als würde man einen Löffel Kartoffelbrei auf einen Teller klatschen.

Demonstrativ drehe ich mich Hulda zu und beginne irgendein belangloses Gespräch. Das ist der blöden Kuh an meiner anderen Seite gegenüber zwar reichlich unhöflich, aber ich habe absolut keine Lust, mir während des ganzen Essens ihr nerviges Gemaule anzuhören. Doch die Alte kennt keine Gnade und zupft mich einfach mehrmals an der Schulter. Was bleibt mir da anderes übrig, als mich ihr zuzuwenden?

»Hallo, Baronin«, begrüße ich sie widerwillig, wobei mir kurz die Frage durch den Kopf geht, ob ich sie nicht eigentlich mit *Durchlaucht* oder etwas in der Art ansprechen müsste.

Doch sie scheint mit der Anrede zufrieden, nicht hingegen mit ihrem Platz. »Jedes Mal setzt man mich ans Fenster«, meckert sie. »Wo doch jeder weiß, dass ich mit meinem kranken Rücken keinen Zug vertrage.«

Sofort keimt ein Hoffnungsfunke in mir auf. »Soll ich Martha bitten, Sie anderswo zu platzieren?«, frage ich und gebe mir Mühe, dabei nicht allzu begeistert zu klingen.

Doch sie winkt ab. »Nein, lassen Sie nur. Dann sitze ich am Ende neben einem von den dementen Schwachköpfen, von denen es hier ja gerade genug zu geben scheint.«

Ich beschließe, das als Kompliment aufzufassen, und lächle sie dankbar an. »Wir hatten ja schon einmal das Vergnügen.«

Ihr Gesicht verzieht sich zu einer gequälten Grimasse. »Na ja, wenn Sie das als Vergnügen empfunden haben ...« Sie lässt den Satz unvollendet.

Zum Glück wird jetzt die Suppe aufgetragen, der ich mich scheinbar begeistert widme. »Hmmm, sehr lecker«, murmle ich in Richtung Hulda.

Doch das hat die Alte zu meiner Linken natürlich gehört. »Lecker finden Sie das?«, zischt sie böse. »Für mich ist die trübe Brühe total versalzen. Und die Markklößchen sind so was von kompakt. Wie Kieselsteine.«

Ich blicke an ihr vorbei zu ihrem anderen Tischnachbarn. Das ist ein alter Herr, den ich schon mal irgendwo gesehen habe, aber, wie üblich, nicht benennen kann. Der Baron ist es jedenfalls nicht.

»Warum sitzt neben der bescheuerten Kuh nicht ihr Mann?«, flüstere ich Hulda zu.

»Psssst!«, flüstert sie zurück. »Nicht so laut! Der Alte ist doch letztes Jahr gestorben. Stand groß in der Zeitung.«

»Der Glückliche!«, kann ich mir nicht verkneifen zurückzugeben, da klopft mir schon wieder die nervige Witwe auf die Schulter. »Also, beim besten Willen, das Zeug bekomme ich nicht runter.«

»Dann lassen Sie es halt stehen«, erwidere ich wenig galant. Aber was soll ich sonst auch sagen? Einen Moment überlege ich, ob die Suppe der Baronin vielleicht tatsächlich anders schmeckt als meine, weil ihr irgendjemand Gift oder zumindest K.-o.-Tropfen untergemischt hat. Aber das kann ich wohl vergessen. In derlei Dingen habe ich noch nie Glück gehabt.

Als Hauptspeise gibt es Rinderfilet mit Mischgemüse und Kartoffelgratin – alles trotz des baronlichen Gemaules überaus schmackhaft –, und zum Dessert serviert man uns Früchte der Saison auf hausgemachtem Quitteneis mit Eierlikörsoße. Eierlikör – Alkohol! Automatisch schnellt mein Blick zu Martha. Und tatsächlich, sie lässt sich ihr Weinglas gerade wieder vollschenken. Das hat sie während des edlen Mahls bestimmt schon öfter getan. Als ich mich bei den anderen Gästen umsehe, stelle ich fest, dass viele von ihnen lediglich Wasser in ihren Gläsern haben. Das sind diejenigen, die später noch Auto fahren müssen und mit ihrer Genügsamkeit, freilich unbeabsichtigt, den Geldbeutel der Gastgeberin schonen. Ich selbst habe mich bisher mit zwei Glas Weizenbier begnügt, während Hulda noch immer an ihrem ersten Glas Apfelschorle nippt.

Doch dann gibt es für jeden, der möchte, einen Verdauungsschnaps, und da lässt auch meine Frau sich nicht zweimal bitten. Anschließend erheben wir uns von unseren Plätzen. Und während mir die auch nicht mehr ganz nüchterne Baronin noch nachruft, ich solle mir bloß nicht das Missvergnügen antun, die überall an den Wänden hängenden Kunstwerke des Geburtstagskindes näher in Augenschein zu nehmen, fasse ich Hulda am Arm, um exakt das zu tun.

Dass die Gemälde von Martha sind, würde ich selbst mit geschlossenen Augen im Dunkeln erkennen. Zu oft habe ich ihre Werke schon bei diversen Schulfeiern bewundern müssen. Wie eh und je sind sie vorwiegend in einem düsteren Grau-Braun-Grün gehalten, und noch immer zeigen sie allesamt Marthas Lieblingsmotiv: Tiere aus aller Herren Länder. Das erschließt sich dem Betrachter, wenn überhaupt, allerdings erst beim zweiten oder dritten Hinsehen. Denn genau wie damals sind die dargestellten Kreaturen biominimalistisch-abstrahierend – Originalton Martha – dargestellt und daher allenfalls mit sehr viel Glück einer bestimmten Spezies zuzuordnen.

Bei einem Bild, auf dem am Rand schwach gelb-schwarze Konturen zu erkennen sind, tippt Hulda auf Feuersalamander, während ich die dargestellte Kreatur eher für eine Wespe oder Hornisse halte. Zum Glück ist jedes Werk mit einem kleinen Papiertäfelchen versehen, auf dem Titel und Entstehungsjahr vermerkt sind. Demnach handelt es sich hier um eine Gelbbauchunke, was mir ein »Na dann« und Hulda nur ein resigniertes Schulterzucken entlockt.

Das nächste Bild beziehungsweise das, was darauf zu sehen ist, ist wesentlich schwieriger zu benennen, da jeglicher Größenvergleich fehlt.

»Ein Nilpferd«, schlägt Hulda vor.

»Sicher?«

»Nun ja, könnte auch ein Nashorn sein. Oder ein Nacktmull.«

»Nicht schlecht«, lobe ich, gebe dann jedoch nach längerer eingehender Betrachtung zu bedenken: »Ist da nicht so eine Art Flügel zu sehen? Also, ich würde das Vieh eher für einen Juchtenkäfer halten.«

Ein Blick auf das Etikett belehrt uns beide eines Besseren. Denn demnach handelt es sich bei der schmierig verwaschenen blau-silbernen Kreatur auf dem Gemälde um einen Hammerhai.

So machen wir noch eine Weile weiter, wobei wir bei zehn Bildern gerade mal zwei Treffer landen, dann widmen wir unsere Aufmerksamkeit den Enkeln und Urenkeln der Jubilarin, die sich anschicken, zu deren Lob ein selbst verfasstes Gedicht vorzutragen.

Schon nach den ersten Zeilen würde ich mir am liebsten die Ohren zuhalten, um das Opus nicht mehr länger ertragen zu müssen. Denn wie so oft bei derlei Anlässen befindet sich unter den Gästen halt leider kein Goethe oder Schiller, meist entstehen die zum Vortrag gebrachten Werke aus dem Zusammenwirken einer Reihe eher minderbegabter Poeten. Was häufig sogar weniger für die Reime als vielmehr für das nicht einmal im Ansatz erkennbare Versmaß gilt. Für einen ehemaligen Deutschlehrer ist ein solches Machwerk eine ähnliche Qual wie für einen Musiker das Kratzen eines Anfängers auf einer Geige.

Bei Marthas Fest hört sich das Lobgedicht so an:

»Unsere Oma beziehungsweise Uroma ist eine ganz liebe Frau.

Sie ist immer für uns da, das wissen wir genau.

Sie kann prima Kuchen backen und Essen kochen,

womit sie uns stets tut in ihre Wohnung locken.

Sie hat für jeden von uns immer ein offenes Ohr.

Wenn ein Problem wir haben, das kommt schon mal vor.

Und wenn wir glauben, es geht nicht weiter, tröstet sie uns.

Nimmt uns in den Arm und malt uns ein Bild mit ihrer Kunst.

Dann müssen wir gleich wieder lachen und freuen uns sehr.

Darum zu unserer Uroma wir immer wieder kommen gern.

Wir wünschen ihr Glück und Gesundheit und ein langes Leben.

Das möge der liebe Gott ihr geben.«

Wenigstens ist das krumme Machwerk nicht zu lang, denke ich dankbar, während Martha ihre Enkel und Urenkel einen nach dem anderen herzt, wobei sie mit den Erwachsenen – immerhin sechs an der Zahl – jedes Mal ein Ehrenschnäpschen kippt. Danach hat sie sichtbar Mühe, ihren Platz wiederzufinden, auf den sie sich erschöpft sacken lässt, um dort bei zwei Gläsern Wein erst mal wieder zu Kräften zu kommen.

Inzwischen brechen die Ersten auf, und wir schließen uns ihnen an. Unser Versuch, uns bei der Jubilarin zu bedanken, scheitert bedauerlicherweise daran, dass sie mittlerweile total kraftlos auf ihrem Stuhl hängt und uns nicht mehr erkennt. Einer ihrer beiden Söhne verrät uns, dass man für sie in weiser Voraussicht im Obergeschoss des Gasthofs ein Zimmer reserviert habe, in das man sie, sobald alle Gäste gegangen seien, auch umgehend verfrachten werde.

Hulda, die während der ganzen Feier mit Ausnahme des Verdauungsschnapses nicht einen einzigen Tropfen Alkohol getrunken hat, kutschiert mich dankenswerterweise nach Hause. Wobei von Kutschieren allerdings nur sehr bedingt die Rede sein kann. Rasen würde ihre Fortbewegungsart eher beschreiben. Ich bin immer wieder aufs Neue erstaunt, was der alte Mercedes noch hergibt.

»War alles in allem ein sehr schönes Fest«, meint sie, während sie zwei Laster auf einmal überholt.

Ich halte die Luft an, bis wir vorbei sind. Dann stimme ich ihr zu: »Ja, finde ich auch. Ich freue mich schon jetzt auf ihren 100.«

»Ich mich auch«, gibt sie grinsend zurück. »Aber dann schenken wir ihr nicht wieder Schnaps, oder?«

»Nein«, ich schüttle energisch den Kopf, »dann bekommt sie etwas ganz Besonderes. Etwas echt Anspruchsvolles. Was hältst du von Senecas gesammelten Werken?«

Dame mit Dackel

Wer einen Hund sein Eigen nennt, weiß: Das Tier muss regelmäßig an die frische Luft. Schon allein, um sich zu erleichtern. Herrn von Hinterhuber geht es da kein bisschen anders. Deshalb machen wir zwei uns jeden Morgen zu einem ausgedehnten Spaziergang auf – ein tägliches Ritual, das ich allenfalls bei strömendem Regen oder gefährlichem Glatteis abkürze, ansonsten aber durchaus genieße. Zumal ich dabei eigentlich immer den einen oder anderen Bekannten treffe, mit dem ich dann gerne ein kurzes Schwätzchen halte. So lässt sich Angenehmes mit Nützlichem prächtig verbinden. Normalerweise nehmen der Hund und ich eine Route, die uns am Humperdinck-Gymnasium, meiner alten Wirkungsstätte, vorbeiführt. Besonders im Sommer, wenn die Fenster der Klassenzimmer weit geöffnet sind, genieße ich es, vor dem mächtigen Gebäude innezuhalten und den gefrusteten Lehrern zu lauschen, die sich, wie jeden Tag, mit renitenten Null-Bock-Typen herumschlagen müssen. Dann erfüllt mich jedes Mal eine tiefe Befriedigung, dass ich damit nichts mehr zu tun habe.

Doch heute möchte ich – keine Ahnung, warum – die Alternativstrecke durch den Stadtpark nehmen. Vorbei an dem idyllischen Weiher, wo Herr von Hinterhuber bei schönem Wetter gern ein ausgedehntes Bad nimmt, während ich die Enten füttere. Gerne mit Brotresten, die ich zuvor ausgiebig in Kirschwasser getaucht habe. Der Effekt ist verblüffend: Die sonst eher lethargischen Tiere drehen plötzlich auf, paddeln spritzend im Kreis herum und schnattern in einer Lautstärke, dass man sein eigenes Wort nicht mehr versteht. Es ist eine wahre Freude.

Am Rand des Gewässers steht eine dunkelrote Bank, auf der ich gerne eine mehr oder minder lange Pause einlege. Und nicht selten passiert es mir dann, dass ich kurz einnicke. So wie heute auch. Ich werde wach, weil die Hundeleine, die ich mir um die Hand geschlungen habe, plötzlich ruckt. Normalerweise folgt Herr von Hinterhuber nämlich meinem Beispiel und pennt auch ein Weilchen friedlich vor sich hin. Aber heute scheint ihn irgendetwas aufzuregen. Ich öffne träge die Augen, und da steht der Grund für das Gezappel leibhaftig vor mir: ein Langhaardackel. Gott sei Dank mittelbraun und nicht schwarz. Offenbar eine Dackelin, der mein Hund ungeniert am Hinterteil herumschnüffelt. Kurz geht mir durch den Sinn, wie es wäre, wenn Menschenmänner das bei Menschenfrauen auch so machen würden, und ich muss kichern. Dann wandert mein Blick die Leine hoch, an der der langhaarige Hund hängt. Und was ich da sehe, ist durchaus erfreulich: eine große, schlanke Frau, etwa Mitte 30, blond, hautenge Jeans, buntes T-Shirt, eine Sonnenbrille auf das lockige Haar zurückgeschoben.

Und diese Frau lächelt mich breit an. »Tut mir leid, dass wir Sie geweckt haben. Aber Tussi hat ihren Namen zu Recht. Die muss mit jedem anderen Hund anbandeln. Geradezu zwanghaft ist das bei der. Entschuldigen Sie bitte.«

»Bemerkenswerter Name«, sage ich und lache zurück. »Herrn von Hinterhuber scheint's jedenfalls Spaß zu machen. Wann kann der schon mal an einer echten Tussi rummachen?«

»Darf ich mich kurz zu Ihnen setzen?«, fragt die Dame, nachdem sie herzhaft über den Namen meines Hundes gelacht hat, und ich bejahe mit einer einladenden Geste. »Nur zu. Nehmen Sie Platz. Ich habe Sie hier noch nie gesehen.«

»Ich bin erst vor zwei Wochen hergezogen, also noch ganz neu in der Gegend.«

Wir unterhalten uns angeregt über Hunde und ihre oft merkwürdigen Macken. Dann steht die junge Dame unvermittelt auf, bedankt sich für das nette Gespräch und zieht ihre Tussi von Herrn von Hinterhuber weg. Ich frage, ob ich sie noch ein Stück begleiten darf, und sie willigt – freudig erregt, das spüre ich deutlich – ein. Am Ende des Parks biegt sie nach links, ich nach rechts ab. Doch bevor wir uns trennen, lächelt sie mich noch einmal derart lieb an, dass mich ein Gefühl durchflutet, das ich seit Jahrzehnten nicht mehr gekannt habe. Und dann fragt sie doch tatsächlich: »Wie wär's? Wollen wir uns morgen wieder treffen?«

Und ob wir wollen! Ich jedenfalls. So sehr habe ich schon lange nichts mehr gewollt. Zumal sie noch mit einem hinreißenden Lächeln anfügt: »Ich freue mich sehr, so eine liebe Bekanntschaft gemacht zu haben.«

Sie hat *liebe* gesagt, nicht etwa *nette* oder *angenehme*. Nein, *liebe*! Ein Wort, das man nicht einfach so daherplappert. Das man nur in den Mund nimmt, wenn man etwas ganz Bestimmtes ausdrücken will. Die Dame hat ein Auge auf mich geworfen, so viel steht fest. Auf dem Heimweg habe ich Mühe, den beseelten Ausdruck, der sich – ich spüre es genau – auf meinem Gesicht breitgemacht hat, wieder zu neutralisieren. Hulda erzähle ich, ich hätte einen längeren Umweg gemacht, weil es erstens ein gar so schöner Morgen sei – was wirklich zutrifft – und ich mir ja zweitens vorgenommen hätte, mich in Zukunft mehr zu bewegen – was zwar auch zutrifft, aber keineswegs eilt.

Am nächsten Tag marschieren wir schon eine halbe Stunde früher los. Ich hätte zurzeit so einen Spaß an dem morgendlichen Spaziergang, sage ich zu Hulda, da wäre es doch schade, wenn ich die Zeit nicht nützte. Die Enten bekommen heute nichts, und Herr von Hinterhuber muss auch auf sein geliebtes Bad verzichten, dafür sitze ich schon um 20 nach sieben auf besagter Bank. Eine knappe halbe Stunde muss ich warten und fürchte schon, das mit dem Wiedersehen sei nur so dahergesagt gewesen, doch dann sehe ich sie mit ihrer Tussi um eine

Wegbiegung kommen. Gleich darauf steht sie vor mir. Und prompt fängt Herr von Hinterhuber mit dem peinlichen Aftergeschnüffel an.

Ich springe auf wie ein Schüler vor dem Direktor und räuspere mich erst mal, um meine Stimme in den Griff zu bekommen. Dann säusle ich: »Schön, dass Sie gekommen sind. Ich habe mich Ihnen ja noch gar nicht vorgestellt. Ich heiße Hubert Humpff.«

»Hubert also«, stellt sie lächelnd fest. Den Nachnamen lässt sie einfach weg. Wenn das nichts zu bedeuten hat!

»Ich bin Katharina.«

Und schon sitzt sie neben mir. Wir plaudern über dies und das, dann sagt sie: »Wollen wir nicht Du zueinander sagen? Das Gesieze ist doch albern.«

»Mit dem größten Vergnügen«, antworte ich und spüre, wie mein Herz wild in der Brust herumhüpft. Mutig füge ich hinzu: »Nichts lieber als das.«

Da beugt sie sich zu mir herüber und haucht mir einen Kuss auf die Wange. Wobei ihr T-Shirt einen atemberaubenden Blick auf das gewährt, was darunter ist. Sicher hat sie das scharfe Teil heute früh ganz bewusst angezogen. Teufel auch, die Frau weiß, wie man einen Mann verführt! Kurz, ganz kurz nur, streift mich ein Anflug von schlechtem Gewissen. Aber was ist denn schon dabei? Es tut mir in meinem Alter einfach wahnsinnig gut, wenn ich spüre und sehe, wie sich eine junge, hübsche Frau nach mir verzehrt. Die weiß die überlegene Gelassenheit eines reifen Herrn in den besten, na ja, sagen wir, kurz nach den besten Jahren ganz einfach zu schätzen. Hat vielleicht mit einem schnoddrigen jungen Schnösel schlechte Erfahrungen gemacht. Und freut sich deshalb, einen seriösen Herrn kennenzulernen, der Manieren hat und eine Frau noch wie eine Dame behandelt, formvollendet nämlich, ritterlich. Ein Herr, bei dem man sich anlehnen, dem man uneingeschränkt vertrauen kann. Und, ja auch das, der in puncto Liebe erfahren ist und ganz genau weiß, was einer Frau gefällt.

Als wir aufstehen und mit unseren Hunden weitergehen, hängt sie sich wie selbstverständlich bei mir ein. Und als sie einmal zu mir aufsieht, kommt mir ihr voller, sinnlicher Mund so nah, dass ich mich ernstlich frage, ob sie wohl auf einen Kuss wartet. Doch während ich noch überlege, ob ich das Wagnis eingehen soll, hat Tussi ein Eichhörnchen erspäht und reißt meine Begleiterin in ihrem Jagdeifer rücksichtslos mit sich. Die schreit erschrocken auf, stolpert und ist kurz davor, der Länge nach hinzustürzen, als ich sie geistesgegenwärtig mit einem beherzten Griff an mich reiße. Dass ich dabei quer über ihren ansehnlichen Busen fasse, lässt sich in der Hektik nicht vermeiden. Oder hat sie das mit dem Straucheln vielleicht nur gespielt, um genau das zu erreichen? Zuzutrauen wäre es ihr. Wie dem auch sei, fest steht, dass mir die Berührung der prallen Rundungen wohlige Schauer durch den Körper jagt.

Zwei Tage später lächelt sie mich beim Abschiednehmen so lieb an, dass mir die Luft wegbleibt und ich Angst habe, dass meine Knie gleich nachgeben könnten. Dann fragt sie zuckersüß: »Ich habe am kommenden Samstag Geburtstag und möchte ein bisschen feiern. Das Problem ist, dass ich hier in der Gegend bislang nur wenig Leute kenne, die mir Gesellschaft leisten könnten. Hättest du nicht vielleicht Lust? Es gibt auch was Leckeres zu essen. Und natürlich auch zu trinken.« Und als ich überrascht zögere, fügt sie an: »Oh bitte, ich würde mich so freuen.«

Da kann ich natürlich gar nicht anders und sage spontan zu. »Du bist ein echter Schatz«, jubelt sie, und ehe ich michs versehe, hat sie mir schon einen Kuss auf die Wange gedrückt. Ganz zart zwar nur, aber immerhin. Sie mag es eben nicht so überstürzt. Deshalb wohl auch ihre Vorliebe für reifere Herren.

Auf dem Heimweg habe ich größte Mühe, mich auf die Frage zu konzentrieren, wie ich Hulda erklären soll, dass ich Samstagabend etwas vorhabe, bei dem sie mich nicht begleiten kann. Da kommt mir eine geniale Idee. Wozu hat man ein Handy? Am Nachmittag gehe ich in den Keller, halte mir ein Taschentuch vor den Mund und rufe unsere Festnetznummer an. Mit maximal verstellter Stimme erkläre ich Hulda, ich sei ein Exkollege von Hubert und würde ihn gern für kommenden Samstag einladen. Zu einer Art Nostalgieabend mit ehemaligen Lehrern. Ausschließlich Herren. Sie erklärt, ihr Mann sei gerade nicht da, er würde aber in Kürze zurückrufen. Ich atme auf. Offensichtlich erkennt sie meine Stimme wirklich nicht. Ich erkläre, das sei nicht nötig, ihr Mann solle sich einfach am Samstag um 20 Uhr in der Eingangshalle des Humperdinck-Gymnasiums einfinden. Nur falls das nicht gehe, bitte ich um eine kurze Nachricht.

So, nun steht meinem Rendezvous mit Katharina nichts mehr im Weg.

Man glaubt gar nicht, wie lang Tage werden können, wenn man nichts mehr ersehnt, als dass sie endlich vorbeigehen. Doch irgendwann ist dann tatsächlich Samstagabend, und ich stehe vor Katharinas Mehrfamilienhaus. Mit zitternden Fingern drücke ich auf den Klingelknopf neben dem nicht sehr erotischen Namen Punzelgruber. Gleich darauf stehe ich ihr im Treppenhaus gegenüber. Einen kurzen Moment durchfährt mich die Hoffnung, sie habe das mit der Feier nur erfunden und wolle in Wirklichkeit nur mit mir allein sein. Vielleicht brennen ja in der Wohnung tausend Kerzen und sie hat ein verführerisches Liebesmahl zubereitet, das wir zwei gleich bei zärtlicher Musik, uns mit Champagner zuprostend, genießen werden. Doch ich weiß gar nicht, ob mir das wirklich recht wäre. Denn dann würde sie mit Sicherheit mehr von mir erwarten. Und ob ich ihren diesbezüglichen Wünschen gerecht würde, scheint mir angesichts meines Alters doch sehr fraglich. Aber sie weiß ja schließlich, dass ich nicht mehr der Jüngste bin. Da wird sie sich bestimmt mit Küssen und Knutschen zufriedengeben.

Aber im selben Moment zerplatzen meine Hoffnungen wie die berühmten Seifenblasen, denn aus der Wohnung schallt mir, als ich näher trete, unverkennbar Popmusik entgegen. Viel zu laut für meinen Geschmack. Dabei ist mein Gehör schon lange nicht mehr das beste. Und durch die Musik hindurch höre ich Stimmen, eine Menge Stimmen sogar. Ich überreiche Katharina meinen Blumenstrauß und trete ein. Das Getöse ringsum ist so heftig, dass ich kaum verstehe, was sie sagt. Irgendetwas mit »mein lieber Freund Hubert«. Doch niemand scheint von mir Notiz zu nehmen. Dann sehe ich, wie sich ein kräftiger Mann um die 40 aus der Menge löst und breit lächelnd auf uns zukommt, ein Kind an der Hand.

»Wie gesagt, das ist Hubert«, schreit Katharina ihm entgegen, und er drückt mir herzlich die Hand. Und zu mir gewandt: »Jörg, mein Ehemann.« Dann, auf das Kind deutend: »Und das ist Julian, unser Ältester.«

Ich schnappe nach Luft und fühle, wie meine Knie unter mir nachgeben. Doch das Schlimmste kommt erst noch. Denn nun nickt sie in meine Richtung und verkündet: »Und das ist Hubert. Der nette alte Opa, der immer mit mir und Tussi spazieren geht.«

Ich schlucke ein paarmal krampfhaft, dann flüstere ich, mir sei plötzlich übel. Es sei wohl besser, wenn ich wieder heimginge. Und schon bin ich weg.

Am nächsten Tag spaziere ich mit Herrn von Hinterhuber wieder an der Schule vorbei. So toll ist er ja nun auch wieder nicht, der Stadtpark.

Auf der *Golden Age*

Beim Frühstück stellt Hulda vorsichtig die Kaffeetasse ab und deutet auf die vor ihr ausgebreitete Zeitung. »Hör mal, was hier steht: Leserreise für Senioren über 60. Rhein-Main-Tour. Von Köln nach Nürnberg. Fünf Tage.« Sie blickt zu mir auf. »Wär das nicht mal eine nette Abwechslung?«

Ich nicke kauend, ziehe mir das Blatt herüber und lese die Beschreibung:

»Tag eins: Mit dem Bus nach Köln, dort Stadtführung mit Besuch eines Kölsch-Lokals, Übernachtung im Viersternehotel.

Tag zwei: Einschiffung, Fahrt den Rhein aufwärts bis Mainz, dort wieder Stadtführung, anschließend Weiterfahrt bis Frankfurt, abends Äppelwoi-Lokal.

Tag drei: Fahrt auf dem Main bis Würzburg, dort erneute Stadtführung, Weinprobe in Randersacker.

Tag vier: Fahrt bis Bamberg, Gelegenheit, attraktive Artikel günstig zu erwerben.

Tag fünf: Weiterfahrt nach Nürnberg über den Main-Donau-Kanal, Ausschiffung, Heimreise mit dem Bus.«

»Klingt hübsch«, sage ich. »Nur die Werbeveranstaltung stört mich.«

Hulda schüttelt lächelnd den Kopf. »Ach was. Die lassen wir einfach über uns ergehen. Sie können uns ja nicht zwingen, etwas zu kaufen.« Und schon ist sie am Telefon und meldet uns beide an.

Drei Wochen später – es ist ein milder Spätsommertag – stehen wir inmitten einer Gruppe Vollsenioren am Bahnhof und warten auf den Bus. Ich sehe mich verstohlen um. Hulda und ich gehören eindeutig zu den Jüngsten. Eine Dame hält sich an ihrem Rollator fest, zwei Herren stützen sich auf Krücken. Und eine reichlich aufgetakelte, goldbehängte Frau, schätzungsweise 90, zieht an einer rosa Leine ein etwa kaninchengroßes, zottiges Tier hinter sich her. Vier Beine, spitze Ohren, mit einiger Wahrscheinlichkeit ein Hund. Dass ich recht habe, zeigt sich gleich darauf, als der Winzling zwei-, dreimal aufgeregt bellt. Na ja, bellen kann man das Gekläffe in einer Tonhöhe, die jeder Sopranistin zur Ehre gereichen würde, eigentlich nicht nennen. Quäken würde die Lautäußerung besser beschreiben. Das Vieh ist mir von Anfang an unsympathisch. Das scheint wohl auf Gegenseitigkeit zu beruhen, denn plötzlich baut sich der Knirps breitbeinig vor mir auf, blitzt mich aus dunklen Knopfaugen zornig an und knurrt böse. Dass mir seine alberne Darbietung ein lautes Lachen entlockt, scheint das Bürschchen in noch größere Wut zu versetzen, und ich befürchte schon, dass er mich gleich ins Bein zwicken wird. Doch da reißt ihn seine Besitzerin energisch zurück und schimpft: »Aber Zuckerle, das macht man doch nicht! Sei schön brav, mein Herzchen. Mami ist doch bei dir.« Und dann kann sie es sich tatsächlich nicht verkneifen, »der böse Onkel tut dir doch nichts« hinzuzufügen.

Böser Onkel! Was bildet sich die Zicke ein?! Doch bevor ich aufbrausen kann, zieht mich Hulda an meiner Jacke zur Seite. »Reg dich nicht auf«, zischt sie mir zu. »Denk an dein Herz.«

Dann gibt's Streit, weil ein Ehepaar im Bus angeblich die vordere Sitzreihe reserviert hat, auf der es sich aber schon zwei Frauen bequem gemacht haben. Der Busfahrer verlangt von dem Mann, er solle bitte die Reservierung vorlegen, was der aber nicht kann, weil er das

Schriftstück angeblich zu Hause vergessen hat. Schließlich hocken sich die beiden brummend eine Reihe weiter nach hinten. Hulda und ich entscheiden uns für zwei Plätze etwa in der Busmitte, vor mir nimmt ein – wie sich bald herausstellen soll – sehr geschwätziger Hüne Platz. Mindestens zwei Meter, der Kerl. Da sieht man mal wieder, dass die Regel, wonach man mit zunehmendem Alter schrumpft, Blödsinn ist. Oder zumindest nicht für jeden gilt.

Dann starten wir Richtung Köln.

Auf der Autobahn haben wir reichlich Gelegenheit, die nähere Umgebung zu betrachten, weil wir mehr Zeit in diversen Staus als mit Fahren verbringen. Zum Glück habe ich eine Bismarck-Biografie mitgebracht, in der ich jetzt wunderbar schmökern könnte, wenn der Riese vor mir beim Hinunterbeugen zu seiner kleinen Frau – warum stehen weibliche Winzlinge nur so oft auf männliche Riesenbohnenstangen? – nicht immer auch nach hinten sprechen würde, sodass Hulda und ich von seinem dämlichen Gequatsche jedes Wort mitbekommen.

Die letzte Stunde fahren wir ohne weitere Verzögerungen am Rhein entlang und erreichen nachmittags unser Hotel. Ich stutze, als fast zeitgleich mit uns ein zweiter Bus eintrifft, aus dem ebenfalls Gäste für unsere Schiffsreise aussteigen. Im Gegensatz zu uns kommen sie allesamt aus Norddeutschland, das hört man sofort. Was ihr Alter angeht, passen sie allerdings hervorragend zu uns. Unter 70 ist von denen niemand, die meisten gehen eher auf die 80 zu. Und ein Mann, den beim Gehen gleich zwei Frauen stützen, ist mit Sicherheit schon 90, wenn nicht gar älter.

Auch diese Gruppe hat eine Dame dabei, die einen Hund mit sich führt – sie ist im Gegensatz zu Zuckerles Besitzerin allerdings eher unscheinbar. Der Hund jedoch ist ein ziemlicher Brummer, auf jeden Fall deutlich größer als Herr von Hinterhuber. Seine Herrin behauptet, er höre auf den Namen Bronco und sei ein absolut friedliches

Tier. Na ja, wir werden sehen. Ich bin gespannt, was passiert, wenn Bronco und Zuckerle aufeinandertreffen, und jedenfalls heilfroh, dass wir Herrn von Hinterhuber bei Hanna und ihren Töchtern gelassen haben. Obwohl weder Zuckerle noch Bronco schwarz sind, wobei Bronco, egal wie gefärbt, allein schon aufgrund seiner Größe ohnehin nicht in das Beuteschema unseres Hundes passen würde.

Nachdem eine streng blickende Dame jedem von uns ein Zimmer zugewiesen hat, strecken Hulda und ich uns erst mal auf unserem breiten Bett aus und genießen das Nicht-angesprochen-Werden und Nichts-tun-Müssen. Um halb fünf sollen wir in der Hotelhalle sein, um zur Stadtführung zu starten. Da haben wir noch eine gute Stunde Zeit. Kaum bin ich mir dessen bewusst, da schlummere ich auch schon ein. Ein Glück, dass Hulda wach bleibt und mich rechtzeitig wieder weckt. Doch damit hätte sie sich gar nicht so beeilen müssen, denn zum vereinbarten Zeitpunkt stehen oder sitzen in der Halle allenfalls die Hälfte der Reiseteilnehmer herum. Der Rest trudelt nach und nach ein, und eine Dreiviertelstunde später geht es endlich los.

Vor dem Hotel warten zwei mittelalte, gleichermaßen unscheinbare Stadtführerinnen, hinter deren in die Höhe gestreckten Regenschirmen zehn Minuten später jeweils die Hälfte der Vollsenioren hertappt wie Schafe hinter ihrem Schäfer. Nachdem wir die wichtigsten Sehenswürdigkeiten der Rheinmetropole, allen voran natürlich den imposanten Dom, hinreichend besichtigt haben, folgt der gemütliche Teil der Veranstaltung: der Besuch in einem Kölsch-Lokal. Als uns ein eloquenter Mittvierziger die Getränke bringt, glaube ich zuerst, er will uns veräppeln oder der Reiseveranstalter sei ausgesprochen knausrig. Denn das Bier gibt es in winzigen Gläsern, die man mit drei Schlucken ausgetrunken hat. Glücklicherweise kommt immer sofort, das heißt ohne erneute Bestellung, wieder Nachschub. Das ist in etwa so, als würde man eine Portion Suppe aus ständig neuen Espressotassen essen. Bedauerlich obendrein, dass wir das Bier ab Glas zwei aus eigener Tasche bezahlen müssen. Was indes drei unserer Teilnehmer, die sich offenbar gesucht und gefunden haben, nicht davon abhält, jeweils acht Stück zu kippen. In gerade mal einer Viertelstunde. Respekt!

Anschließend geht es zurück ins Hotel, wo es um 18:30 Uhr ein gemeinsames dreigängiges Abendessen geben wird. Ich bin gespannt, ob das Acht-Kölsch-Trio auch auftaucht oder ob die drei volltrunken in ihren Betten schnarchen. Doch nein, pünktlich zur vereinbarten Zeit sind sie da. Und was tun sie zuallererst? Sie bestellen sich jeder einen halben Liter Bier. Unglaublich! Dann tragen zwei Kellner in weißen Hemden mit schwarzen Fliegen einen gemischten Salat mit Hähnchenbruststreifen auf. Anschließend gibt es Wildgulasch mit Rotkohl und Nudeln. Ich bin zwar grundsätzlich kein Freund von Rotkohl, aber der hier schmeckt mir sogar halbwegs. Jedenfalls, wenn man ihn, was ich jetzt auch tue, mit reichlich Bier hinunterspült. Zwei Doppelkorn nach dem Hauptgang sorgen zudem dafür, dass mir das Gemüse auch ganz gewiss bekommen wird.

Schließlich geht es ins Bett. Das habe ich ja schon als sehr bequem erlebt, und ich könnte bestimmt prima schlafen, wenn das Hotel nicht unmittelbar an einer breiten Straße läge. Genauer gesagt: an der Kreuzung zweier breiter Straßen. Mit Ampeln, wo vor allem Lastwagen beim Anfahren jede Menge Lärm machen. Zu Hause höre ich vom Bett aus allenfalls mal den heiseren Schrei eines Käuzchens aus dem nahen Wald oder das Miauen eines liebestollen Katers, mehr nicht. Na ja, die nächste Nacht werden wir ja auf dem Schiff verbringen. Da können wir uns sicher von sanftem Wellengeplätscher in den Schlaf wiegen lassen.

Als wir am nächsten Morgen nach einem üppigen Frühstück an den Rhein gefahren werden, wartet die *Golden Age*, für die nächsten Tage unser schwimmendes Zuhause, schon auf uns. Das Schiff heißt tatsächlich so, und ich frage mich, ob es wohl zu Ehren von uns *Best Agern* eigens für diese Reise umgetauft wurde. Vom ersten Anschein her macht es jedenfalls seinem Namen alle Ehre: Im Vergleich zu dem todschicken Kreuzfahrtschiff, das hinter ihm liegt, wirkt es regelrecht altmodisch. Wie ein Borgward Isabella neben einem modernen BMW-Coupé. Oder – das gebe ich gerne zu – wie mein 190er-Mercedes neben einem Daimler aus heutiger Produktion. Umso überraschender dann das Innere. Das strahlt zwar auch eher den Charme der Fünfzigerjahre aus, macht aber einen tadellos gepflegten Eindruck. Was erfreulicherweise ohne Abstriche auch für unsere Kabine gilt.

Dann steht ein Treffen aller Reiseteilnehmer im Salon auf dem Programm. Und hier erwartet Hulda und mich der erste echte Schock. Die Reiseleiterin, die sich, ohne rot zu werden, hochtrabend als Kreuzfahrtdirektorin namens Lisa-Maria Luft vorstellt, dreht die Lautstärke des Mikrofons, durch das sie uns begrüßt, nicht nur auf brüllend, sondern spricht mit uns auch wie mit Vorschulkindern. Für jedes Wort benötigt sie gefühlte zwei Sekunden und betont dabei alles, was sie sagt, derart übertrieben, dass man meinen könnte, sie hätte lauter Chinesen vor sich, die erst seit drei Tagen Deutsch lernen.

Regelrecht nervig wird das, als sie uns nach einem lauen Begrüßungssekt den Ablauf der Landausflüge – wie gesagt in einem Tempo, dass man dabei jeden Satz dreifach mitschreiben könnte – erklärt: »Ich teile Sie dann in vier, ich wiederhole: *vier* Gruppen ein. Die Teilnehmer der Gruppe eins erhalten, damit sie wissen, wo sie hingehören, jeder ein kleines Täfelchen mit einer Eins. Die Teilnehmer der Gruppe zwei erhalten auch so ein Täfelchen, aber diesmal mit einer Zwei. Die Teilnehmer der Gruppe drei erhalten ...«

»Bestimmt auch ein Täfelchen«, flüstere ich Hulda zu.

»Ja«, erwidert sie grinsend. »Wahrscheinlich mit einer Drei.«

Die Worte von Lisa-Maria Luft bestätigen unsere Vermutung. Woraufhin sie gnadenlos fortfährt: »Und die Teilnehmer der Gruppe vier ...«

Ich klinke mich akustisch aus und beobachte stattdessen durch eines der breiten Fenster ein imposantes Frachtschiff, das gerade mit einer mächtigen Bugwelle an uns vorbeizieht.

Doch die Kreuzfahrtdirektorin kennt kein Erbarmen. »Damit Sie die Erklärungen der Stadtführer gut hören können, bekommen Sie von uns ein Gerät namens Kwaitfox ...« – sie meint sicher *Quietvox* – »... das Sie sich folgendermaßen am Ohr befestigen müssen.« Damit beginnt sie, von Tisch zu Tisch zu stolzieren, wo sie jedes Mal umständlich das Anlegen des dämlichen Gerätes vorführt. Als sie damit fertig ist, wendet sie sich wieder an die Allgemeinheit: »Die Teilnehmer der Gruppe eins nehmen sich jeder ein Kwaitfox aus dem Korb mit der Nummer eins. Die Teilnehmer der Gruppe zwei nehmen sich jeder ein Kwaitfox aus dem Korb mit der Nummer zwei. Die Teilnehmer ...«

Ich verdrehe die Augen und gehe demonstrativ aufs Klo. Erstaunlicherweise verzichtet sie darauf, hinter mir herzurufen, ich solle doch gefälligst bleiben und zuhören, damit ich später weiß, was zu tun ist. Doch so schnell hätte ich ohnehin nicht zurück gekonnt, denn plötzlich wickelt sich etwas um meine Beine, und ich falle der Länge nach auf den Boden. Erschrocken greife ich nach hinten und halte gleich darauf Zuckerles rosa Leine in der Hand.

»Blöder Köter!«, entfährt es mir. Was hat das bescheuerte Biest hier verloren?

Doch da kommt auch schon seine Besitzerin angestelzt. Erstaunlich, wie flott sie in ihrem Alter noch unterwegs ist. »Was machen Sie mit meinem Hündlein, Sie Wüstling?«, giftet sie mich an und lässt sich auch nicht durch meinen Tipp beruhigen, doch lieber den Worten von Frau Luft zu lauschen, damit sie später weiß, wo sie mit ihrer Töle hinmuss.

Richtig unangenehm wird die Situation, als Zuckerle meine Hilflosigkeit während des mühsamen Wiederaufstehens brutal ausnutzt und mir herzhaft in den Unterschenkel beißt. Doch statt sich zu entschuldigen, keift die Goldzicke in den höchsten Tönen: »Das haben Sie nun davon! Das geschieht Ihnen ganz recht!« Damit klemmt sie sich ihren bescheuerten Kläffer unter den Arm und rauscht entrüstet schnaubend ab.

Die Gelegenheit zur Rache kommt früher als erwartet. Beim Verlassen des Schiffes in Mainz ertönt nämlich plötzlich ein tiefes Grollen, gefolgt von einem noch tieferen Bellen. Dann geht alles ganz schnell. Bronco hat Zuckerle erspäht und springt in großen Sätzen auf sie zu. Die bekommt es verständlicherweise mit der Angst zu tun, jault laut auf und reißt sich von ihrer blöden Matrone los. Bei ihrer überstürzten Flucht kommt sie genau auf mich zu, und erfreut registriere ich, dass ich gerade mal einen Meter von der Kaimauer entfernt stehe. Und dass der Zwischenraum zwischen mir und dem Wasser für den Köter der einzig mögliche Fluchtweg ist. Und da ist er auch schon. Jetzt heißt es, die Chance eiskalt nutzen. Ich mache einen raschen Schritt zur Seite, tue so, als ob ich dabei vor Schreck strauchln würde und kicke das Mistvieh mit einer blitzschnellen Fußbewegung in den Rhein.

Erstaunlich, wie Zuckerle auf einmal das Knurren und Schnappen vergeht! Stattdessen strampelt sie, nachdem ihr Kopf prustend wieder aufgetaucht ist, mit ihren kurzen Beinchen panisch in den Fluten, die immer wieder über ihr zusammenschwappen. Inzwischen haben auch die anderen das Missgeschick des Möchtegern-Hundes mitbekommen. Und während seine Besitzerin kreischt, als wäre sie selbst kurz vor dem Ertrinken, machen allerlei Vorschläge die Runde, wie man Zuckerle am besten wieder an Land bekommt.

Eine sehr bemerkenswerte Idee kommt von Broncos Herrin: »Das haben wir gleich«, ruft sie entschlossen, und dann mit befehlsgewohntem Kommandoton: »Bronco, Apport!« Dabei streift sie ihrem Hund gekonnt die Leine vom Kopf. Und während der mit einem Riesensatz in den Rhein hechtet, erklärt sie uns, Bronco sei ein ausgebildeter Jagdhund, für den sei die Rettungstat ein Kinderspiel.

Tatsächlich steuert Bronco zielstrebig auf seinen winzigen Artgenossen zu, packt ihn kurzentschlossen am Nacken und sieht sich um, wo er am besten wieder an Land kommt. Als er etwa hundert Meter entfernt eine Treppe erblickt, die zum Kai hochführt, paddelt er mit Zuckerle in der Schnauze zielstrebig darauf zu, klettert hoch, kehrt zu uns zurück und macht gleich darauf vor seiner Herrin Sitz. Die streichelt ihm lobend den mächtigen Schädel, befiehlt dann knapp: »Aus!«, und nimmt ihrem gehorsamen Hund den unversehrten Knirps aus dem Maul. Und während dessen Besitzerin noch immer kreischend tobt, klatschen alle anderen Reiseteilnehmer laut und anhaltend Beifall.

Nach der Stadtführung durch das sehenswerte Mainz, an der sogar die Rollator-Dame und die Krücken-Herren teilnehmen, geht es wieder an Bord. Kurz darauf verlassen wir in einer weiten Linkskurve den Rhein, um von nun an den Main hochzuschippern. Im Salon gibt es einen Prosecco-Umtrunk, und als einer der Nordlichter das Lied »Warum ist es am Rhein so schön?« anstimmt, macht ihn ein Süddeutscher – offensichtlich ein ehemaliger Lehrerkollege – freundlich, aber bestimmt darauf aufmerksam, dass wir uns jetzt auf dem mit knapp 730 Kilometer längsten rechten Nebenfluss des Rheins, nämlich dem Main, befänden. Woraufhin der Sänger sich lachend bedankt und sein Lied kurzerhand neu beginnt, diesmal allerdings: »Warum ist es am Main so schön?« Nach kurzem Zögern singen die Ersten mit, und bald darauf grölt die ganze Meute mit sicht- und hörbarem Vergnügen.

Nachdem wir auch noch unter viel Gelächter »Ich hab den Vater Main in seinem Bett geseh'n« und »Oh, du wunderschöner deutscher Main« gesungen haben, weisen uns drei nette Damen unsere Plätze für das Abendessen zu. Wir sitzen alle an Vierertischen, und nachdem Hulda und ich eine Weile gespannt auf unsere Tischnachbarn gewartet haben, nehmen mit einem höflichen »Sie gestatten?« ein etwa 80-jähriger Mann und eine nur wenig jüngere Frau uns gegenüber Platz. Die identischen Ringe an den Fingern weisen sie eindeutig als Ehepaar aus.

»Leonhard Löffler aus Lübeck«, stellt er sich vor, und ich bewundere heimlich die perfekte Alliteration. »Und das ist meine Frau Lore.« Lauter Ls, denke ich, wie bei uns die Hs. Sehr sympathisch.

»Hubert und Hulda Humpff«, antworte ich und freue mich, dass er nicht nachfragt, woher wir kommen. Denn da könnte ich leider nicht mit einem H dienen.

Die beiden machen einen netten Eindruck, und bald ist eine muntere Unterhaltung im Gang. Doch dann gilt es, auf einer Liste ein Hauptgericht und eine Nachspeise für den nächsten Mittag auszuwählen. Heute, bei der ersten gemeinsamen Mahlzeit, gibt es noch für alle dasselbe: Spanferkelbraten mit Sauerkraut, Klößen und Bandnudeln. Doch schon morgen Mittag haben wir die Wahl, und zwar für den zweiten Gang zwischen Kalbsschnitzel, Lammkotelett und Zanderfilet und für den Nachtisch zwischen Tiramisu und Obstsalat. Während Hulda und ich uns in Bezug auf den zweiten Gang – der erste ist eine Pfifferlingssuppe und für alle gleich – rasch auf zweimal Zander einigen, bricht bei den Löfflers eine heftige Debatte aus.

»Ich nehme das Lamm«, verkündet Leonhard nach kurzem Abwägen und greift zum Kugelschreiber, um an der entsprechenden Stelle ein Kreuz zu machen. »Lamm ist nämlich ...«

»Das nimmst du *nicht*!«, fällt ihm seine Frau schneidend ins Wort. »Da ist mit Sicherheit Knoblauch drin. Und den verträgst du nicht. Solltest du doch selbst am besten wissen.«

Er schüttelt den Kopf. »Dann schreibe ich eben *ohne Knoblauch* dazu.«

Sie zieht die Augenbrauen zusammen und wirft ihm einen Blick zu, mit dem man in Glas ritzen könnte. »Kommt gar nicht infrage! Die hätten was zu tun, wenn sie jedem seine Sonderwünsche erfüllen sollten. Nein, du nimmst das Kalbsschnitzel.«

»Kalbfleisch ist Halbfleisch«, mault er. »Hat schon meine Oma immer gesagt.«

»Quatsch!« Damit reißt sie ihm das Blatt Papier aus der Hand und macht, ohne ihren Mann noch eines Blickes zu würdigen, hinter *Kalbsschnitzel* zwei Kreuze. »Und zum Nachtisch gibt's für uns beide Tiramisu. Wer weiß, was für Gammelobst im Fruchtsalat ist.«

»Aber ...«, stottert er noch. Doch da steht schon der Kellner vor uns, nimmt Lore und Hulda, nachdem sie für uns beide den Fruchtsalat angekreuzt hat, die Vormerkzettel aus der Hand und fragt uns, was wir trinken wollen.

»Für mich Apfelschorle«, sagt Hulda, und ich bestelle mir ein Hefeweizen.

»Einen Weißwein, einen trockenen«, verkündet Leonhard.

Doch da hat er schon wieder die Rechnung ohne seine Frau gemacht. »Kommt gar nicht infrage! Dann jammerst du wieder die ganze Nacht über Sodbrennen. Und ich tu kein Auge zu.« Und zum Kellner gewandt: »Zwei stille Wasser, bitte.«

»Mein Mann ist wie ein kleines Kind«, brummt Lore kauend in unsere Richtung. »Immerzu muss man ihm sagen, was er tun und lassen soll. Nie kann er eigene Entscheidungen treffen.«

»Aber er wollte doch Lamm und Weißwein«, traut sich Hulda zu widersprechen. »Ich hatte den Eindruck ...«

Weiter kommt sie nicht, weil Lore sie rücksichtslos unterbricht. »Das verstehen Sie nicht. Sie sind ja nicht mit ihm verheiratet.«

Hulda öffnet den Mund, um etwas einzuwenden, doch ich blicke ihr mit dezentem Kopfschütteln tief in die Augen. Lass doch, soll das heißen, und sie versteht zum Glück. So vergeht das weitere Essen in unbehaglichem Schweigen, das lediglich von Lores missbilligendem »Ts, ts« unterbrochen wird, als ich ein weiteres Weizenbier bestelle und Hulda ein Glas Rotwein ordert.

Doch es kommt noch schlimmer. Denn so, wie wir es zu Hause bei einem üppigen Mahl auch zu tun pflegen, lassen meine Frau und ich uns nach der Hauptspeise jeder einen klaren Verdauungsschnaps schmecken. Diesmal ein Kirschwasser. Da treten dem armen Leonhard vor Gier fast die Augen aus dem Kopf. Doch ein kurzer Seitenblick in Lores verbiestertes Gesicht treibt ihm das Verlangen nach Hochprozentigem schlagartig aus. Nachdem wir schweigend die Nachspeise verdrückt haben, bitten Hulda und ich um Entschuldigung und spazieren Hand in Hand an die Bar, um den obligatorischen Espresso dort ungestört zu genießen.

Nach einer gemütlichen Fahrt über den malerischen Untermain erreichen wir bald darauf Frankfurt. Dort haben wir bis zum Abendessen Gelegenheit, die Stadt auf eigene Faust zu erkunden. Und abends geht es dann per Bus nach Sachsenhausen, wo in einem urigen Äppelwoi-Lokal ausreichend reservierte Plätze auf uns warten. Hulda und ich achten peinlich darauf, bloß nicht in der Nähe von Löfflers zu sitzen, und verbringen einen höchst vergnüglichen Abend. Dann geht es unter fröhlichem Gesang mit dem Bus zurück zum Schiff. Während Leonhard und Lore grußlos in ihrer Kabine verschwinden, quatschen Hulda und ich noch bei zwei, drei Absackern mit den Leuten, die in der Kneipe bei uns am Tisch saßen. Zum Schluss noch zwei Lieder aus weintrunkenen Kehlen, dann gehen alle ins Bett.

Wie hatte ich mich auf die erste Nacht auf dem Wasser gefreut! Auf das sanfte Plätschern der Wellen, auf das Geräusch einer schnatternden Ente oder eines quakenden Froschs. Doch das muss ich mir leider abschminken. Das einzige Geräusch, das zu uns in die Kabine dringt, ist das Knarren, Quietschen und Scheppern mehrerer Kräne, die im benachbarten Industriehafen Schiffe be- und entladen. Und das fast die ganze Nacht hindurch! Lediglich von etwa zwei bis fünf Uhr ist uns ein bisschen Schlaf vergönnt, dann beginnt der Krach von Neuem.

Entsprechend müde sind nicht nur unsere, sondern auch die Gesichter der anderen Gäste beim morgendlichen Frühstück. Wir sehen alle mindestens zehn Jahre älter aus, und das will bei uns Vollsenioren schon etwas heißen. Einige beklagen sich bei der Besatzung über die nächtliche Ruhestörung, doch die tut das nur achselzuckend ab. Heute Abend, tröstet man uns, werden wir in Würzburg sein, wo es total ruhig ist. Zumal wir nach der geplanten abendlichen Weinverkostung wohl kaum vor Mitternacht wieder an Bord sein werden.

Die Vorhersage erweist sich als absolut zutreffend. Als im Würzburger Hafen die Schiffsmotoren verstummen, herrscht eine göttliche Ruhe. Die wir allerdings nicht lange genießen können, da die nächste Stadtführung mit Besuch eines altfränkischen Weinlokals ansteht. Danach sind etwa ein Drittel der Teilnehmer derart voll mit gutem Silvaner, Müller-Thurgau oder Riesling, dass sie auch auf dem Mittelstreifen der Autobahn tief und fest schlummern würden. Bei denen bedarf es dann abends in Randersacker nur noch eines oder zweier weiterer Schoppen, um sie in einen regelrecht komatösen Zustand zu versetzen. Wieder an Bord, hat die Besatzung alle Hände voll zu tun, die Sturzbetrunkenen in ihre Kabinen zu bugsieren, wo sie mit Sicherheit nicht einmal mehr mitbekämen, wenn unmittelbar neben dem Schiff eine Kanone abgefeuert würde.

Das Beste an Würzburg ist jedoch, dass sich die Löfflers bei der Weinverkostung derart in die Haare geraten, dass sie am nächsten Morgen noch vor dem Frühstück grußlos das Schiff verlassen, um direkt nach Hause zu fahren. Mit dem Zug, vermuten Hulda und ich. Aber das ist uns eigentlich egal, Hauptsache, sie sind weg. Für die letzten beiden Reisetage haben wir unseren Esstisch für uns allein.

In Bamberg folgt dann der absolute Tiefpunkt der ganzen Tour. Wir werden mit dem Bus zum Vereinslokal eines Sportklubs gekarrt, wo in einem Nebenraum, in dem es penetrant nach Bier und Schweiß riecht, die angekündigte Verkaufsveranstaltung stattfindet. Jeder von uns bekommt eine Tasse Kaffee oder Tee gratis, bei der Hulda das Gesicht verzieht und dann mit resigniertem Augenaufschlag meint: »Na ja, einem geschenkten Pferd schaut man nicht in die Schnauze.«

Dann erscheinen ein schmieriger Mann und eine kaum minder schmierige Frau auf einer Art Bühne. Mit im Gesicht festgefrorenem Lächeln geben sie ein paar Witze zum Besten, über die schon mein Opa nicht mehr gelacht hätte. Dann holen sie ein Sammelsurium skurriler Artikel auf die Bühne – selbst regulierende Heizdecken, Brillenhalteketten mit Warnton, Bücher mit dem Titel *Das nächste Krankenhaus schnell gefunden* und wochenlang warm haltende Isolierkannen – und hören nicht mehr auf, die sensationellen Vorzüge der diversen Gerätschaften und Publikationen in höchsten Tönen anzupreisen. Ein derart grandioses Angebot auszuschlagen, verkünden sie feierlich, sei geradezu fahrlässig, zumal wir den Krempel zum Einkaufspreis, das heißt so gut wie geschenkt, erstehen könnten. Und tatsächlich schleppen danach gar nicht so wenige von uns voluminöse Pakete zum Bus, die dort im Laderaum und später an Bord in ihren Kabinen verschwinden.

»Wie bescheuert kann man nur sein?!«, flüstere ich Hulda beim Anblick der schwer bepackten Vollsenioren zu.

Sie nickt zustimmend. »Man sagt ja nicht umsonst: *Alter schützt vor Blödheit nicht.*«

»Torheit«, will ich sie gerade verbessern, komme jedoch nicht dazu, weil mir schon wieder mal der dämliche Zwerghund mit seiner Leine um die Beine streicht, sodass ich alle Hände beziehungsweise Füße voll zu tun habe, um mich aus dem Gewirr zu befreien und nicht schon wieder der Länge nach hinzusegeln. Wenigstens einen Trost habe ich dabei: In ihrem Versuch, Zuckerles Leine wieder zu fassen, gleitet der Goldbehängten die frisch erworbene Isolierkanne aus den Händen und kracht auf den Boden. Das knirschende Geräusch, mit dem das teure Teil in tausend Splitter zerplatzt, ist Musik in meinen Ohren.

Am Abend – es ist der letzte unserer Reise – spielt dann eine Band der Schiffsbesatzung zum Tanz auf. Nicht perfekt, aber doch immerhin so, dass man die Uralt-Schlager erkennen und dazu halbwegs im Takt die Beine schwingen kann. Hulda und ich haben seit dem Kurs bei Schwoferls nicht mehr miteinander getanzt und freuen uns, als es erstaunlich gut klappt. Doch dann ist Damenwahl, und damit beginnt der Horror.

Denn kaum hat der Kapitän, der als Moderator durch den Abend führt, die Seniorinnen von der Leine gelassen, da stürzt auch schon eine besonders hutzelige Greisin – bei deren Anblick fällt mir beim besten Willen kein treffenderes Wort ein – zielstrebig auf mich zu. Und zwar ausgerechnet die, die schon von Anfang an bei jeder auch nur halbwegs passenden Gelegenheit immer wieder versucht hat, mich in ein Gespräch zu verwickeln. Bislang konnte ich mich ihren Annäherungsversuchen stets mit irgendwelchen Ausreden entziehen, aber jetzt müsste ich ihr, um ihr zu entgehen, schon gnadenlos einen Korb geben. Und dass sich das – egal, ob es sich um einen tanzwütigen Mann oder eine Dame handelt – nicht gehört, haben uns die Schwoferls an jedem Übungsabend aufs Neue eingebläut.

Also erhebe ich mich ächzend und halte gleich darauf die Luft an, denn die Dame – sie stellt sich beseelt lächelnd als Rosamunde vor – riecht derart nach Parfum, dass mir regelrecht schwindelig wird. Dann beginnen wir zu den Klängen eines extrem langsamen Walzers, bei dem sich die Dame an mich presst, als wären wir siamesische Zwillinge, zu tanzen. Das bringe ich halbwegs mit Anstand hinter mich und will sie anschließend wieder zu ihrem Tisch begleiten. Doch sie beharrt darauf, die komplette Musikrunde in meinen Armen zu Ende zu bringen.

Plötzlich streckt sie mir ihren Kopf entgegen und spitzt die runzligen Lippen. Oh nein, durchfährt es mich, die will mich doch nicht etwa küssen?! Doch sie nähert ihren Mund nur meinem Ohr und flüstert: »Kannst du dir vorstellen, dass ich früher die heißeste Braut der ganzen Stadt war?«

Das kann ich zwar beim besten Willen nicht, aber um sie nicht zu kränken, murmle ich zurück: »Natürlich. Warum nicht?«

Sie strahlt mich an. »Ich hatte Titten, prall und hart wie Kürbisse. Darauf konntest du Nüsse knacken.« Sie lächelt verträumt. »Und einen supergeilen Arsch! Wie gemalt, sage ich dir. Da ist der von Jennifer Lopez ein Scheißdreck dagegen.«

Ich habe zwar keine Ahnung, wer Jennifer Lopez ist, und schon gar nicht, wie deren Hinterteil aussieht, trotzdem stimme ich ihr mit aller Überzeugung zu, die ich heucheln kann.

»Der kann sich heute noch sehen lassen«, flüstert sie weiter. »Fass doch mal an.«

Das lehne ich mit dem Hinweis auf meine Ehefrau, die uns sicher beobachtet, erfolgreich ab, kann jedoch nicht verhindern, dass sie mir ganz plötzlich ohne jede Vorwarnung in den Schritt fasst. »Fühlt sich gut an«, säuselt sie mir dabei ins Ohr. »Du warst bestimmt auch ein ganz schöner Feger. Schade, dass wir uns nicht früher begegnet sind.«

Ich versichere ihr, das würde ich ebenfalls sehr bedauern, und bin erleichtert, dass jetzt auch Tanz Nummer zwei zu Ende ist. Doch die Musiker haben kein Erbarmen und legen praktisch ohne Pause gleich wieder los. Diesmal eine Rumba.

»Wenn du früher so gut im Bett warst wie heute auf dem Tanzparkett«, lässt Rosamunde nicht locker, »habe ich echt was versäumt. Wobei ich …« – wieder eine verträumte Pause – »… mich, was die Zahl meiner Lover angeht, weiß Gott nicht beklagen kann. Alle, wirklich alle, wollten mich in die Kiste kriegen. Und Hunderte haben es auch geschafft.«

»Was du nicht sagst«, murmle ich matt und merke, dass sie mit mehr Begeisterung meinerseits gerechnet hat. Deshalb füge ich rasch an: »Hunderte! Wow!«

Irgendwann ist diese Tanzrunde dann zum Glück zu Ende. Ich geleite Rosamunde zu ihrem Platz und lasse mich, noch immer von ihrem Parfum und vor allem ihren Worten benebelt, wieder neben Hulda nieder. Dass die total sauer ist, merke ich sofort.

»Na, hattest du deinen Spaß?«, zischt sie.

Ich schüttle so überzeugend, wie es mir angesichts des Gedankenwirrwarrs in meinem Inneren möglich ist, den Kopf. »Es war grässlich!«

Aber das glaubt sie mir natürlich nicht. Stattdessen steht sie abrupt auf, keift mir noch mit Eiseskälte »Ich will deinem Glück nicht im Weg stehen« zu und rauscht aus dem Salon.

Was soll ich tun? Sitzen bleiben und auf die nächste Damenwahl warten? Bloß das nicht! Oder meinerseits eine der schmachtenden Vollseniorinnen auffordern? Auch dazu fehlt mir entschieden die Lust. Also erhebe ich mich halt auch und trotte hinter Hulda her. Bis morgen, das weiß ich aus Erfahrung, ist ihr Zorn wieder verraucht.

Tatsächlich lächelt sie mich am nächsten Tag nach dem Erwachen genauso lieb an wie sonst auch immer. Sie hat sich wohl überlegt, dass die aufgetakelte Schachtel von gestern Abend für sie nun wirklich keine Konkurrenz ist.

Als wir zum Frühstück gehen, scheint die Sonne von einem wolkenlosen Himmel und taucht den Salon in gleißendes Licht. Alle Mitreisenden, denen wir begegnen, strahlen uns an und sind ganz offensichtlich bester Laune. Am Büfett steht ein Mann in ärmellosem Hemd, kurzen Hosen und Sandalen vor mir – mit Socken!

Der hat's gut, geht es mir spontan durch den Kopf. Denn bis vor etwa einem Jahr bin ich auch so rumgelaufen, und zwar nicht nur zu Hause, sondern durchaus auch beim Einkaufen in der Stadt. Selbst wenn Hulda mir mehrfach zu verstehen gegeben hat, dass ihr meine Garderobe alles andere als zusagen würde, ja ihr, ehrlich gesagt, richtiggehend peinlich wäre. Aber damit hat sie bei mir auf Granit gebissen. Schließlich war ich ein gestandener Vollsenior. Ich habe gar nicht daran gedacht, mich so anzuziehen, wie es mir andere oder die sogenannte Mode vorschreiben wollten – frei nach dem Motto: Wenn ich mich in Sandalen mit Socken wohlfühle, dann möchte ich den sehen, der mich davon abhält.

So dachte ich damals. Doch dann hatte die Sache mit einem einzigen erschrockenen Ausruf meiner Enkelin Helmine ein Ende: »Opa, wie siehst *du* denn aus?!«

»Wie sehe ich denn aus?«, fragte ich, entschlossen, dem Mädchen die Stirn zu bieten.

»Grauenvoll! Dein Outfit ist das totale No-Go!«

Schon sprang Hulda ihr zur Seite: »Sag ich ihm auch immer. Aber auf mich hört er ja nicht.«

»Ein Muscle-Shirt in deinem Alter!« Und mit schierem Entsetzen im Blick legte Helmine nach: »Und dann Sandalen mit Socken! Schlimmer geht's wirklich nicht.«

»Wer bestimmt denn, ob etwas geht oder nicht?«, entgegnete ich streitlustig. »Die bescheuerte Mode etwa?«

Meine Enkelin schüttelte den Kopf. »Es gibt einfach gewisse Normen.«

»Und wenn mir die ganz und gar schnuppe sind? Meinst du, man steckt mich dann ins Gefängnis?«

Sie verdrehte die Augen. »Dein Schlafanzug, ist der für dich bequem?«

Ich nickte eifrig. »Und wie!«

Jetzt lächelte sie sanft. »Und trotzdem, nehme ich schwer an, würdest du darin niemals in die Stadt zum Einkaufen gehen. Und schon gar nicht zu einem Sinfoniekonzert. Habe ich recht?«

»Sicher«, gab ich zu.

»Na, siehste!«

Mehr sagte Helmine nicht. Doch die zwei Worte, ausgesprochen von einer 17-Jährigen, reichten, um mein Weltbild in puncto Kleidung, das ich bislang gegen alle Widerstände verteidigt hatte, ins Wanken und schließlich zum Einsturz zu bringen. Seither habe ich jedenfalls nie wieder außerhalb unseres Hauses, ja nicht einmal im Garten, ein ärmelloses Hemd und Socken in Sandalen getragen.

Vom Rest unserer Reise – über den Main-Donau-Kanal nach Nürnberg mit anschließender Stadtführung und danach per Bus wieder nach Hause – gibt es nicht viel zu erzählen. Der Kanal ist eher öde, dafür bietet Nürnberg jede Menge hübscher Bauwerke, Straßen und Plätze. Allein schon die beiden domgroßen Kirchen und über allem die majestätische Burg. Großartig!

Was mich jedoch weit mehr in Begeisterung versetzt hat, war, dass Bronco, der Jagdhund, den seine Besitzerin seit dem Zwischenfall in Mainz weitgehend unter Verschluss gehalten hat, bei der Ausschiffung noch einmal voller Begeisterung Zuckerle jagte. Was seine mit ihren Koffern beschäftigte Herrin erfreulich spät bemerkt hat. Als sie ihren Hund endlich zur Ordnung rief, hatte der die jaulende Misttöle schon im Genick gepackt und sie vorbildlich apportiert.

Ende gut, alles gut, denke ich schmunzelnd. Oder wie Hulda sagen würde: »Schluss okay, alles bestens.«

Aktiver Demokrat

Unser Rathaus zeichnet sich durch eine bemerkenswert hässliche Fassade aus, die auch nicht schöner wurde, als man sie vor einigen Jahren rot angestrichen hat. Das war noch zu der Zeit, als die Sozis bei uns am Ruder waren. Weil das Gebäude auch frisch bemalt alles andere als ein Schmuckstück war, hat der Gemeinderat letztes Frühjahr beschlossen, es mit Blumen zu verschönern. Doch was hat man in die zahlreichen Kästen gepflanzt? Violette Petunien! Violett auf Rot, das müssen Sie sich mal geben! Das beißt sich derart, dass die Augen beim Hinschauen tränen. So weit sind wir mit unseren Sparmaßnahmen also schon gekommen, dass die Stadt sich nicht einmal mehr einen Gärtner leisten kann, der auch nur eine rudimentäre Ahnung von Farben hat. Dabei bemüht man sich ja intensiv um die Ankurbelung des Fremdenverkehrs, das heißt, man versucht mit allerlei skurrilen Aktionen, mehr auswärtige Gäste in unser Städtchen zu locken. Und dann das! Spätestens wenn die Touristen vor dem Rathaus stehen, schüttelt es sie und sie sehen zu, dass sie wegkommen. So viel steht fest.

Weil mich das unsägliche Arrangement massiv gestört hat, habe ich als verantwortungsbewusster Bürger, dem das Wohl seiner Stadt am Herzen liegt, an die hiesige Tageszeitung einen Leserbrief geschrieben – mit der Überschrift »Wenn inkompetente Idioten am Werk sind«. Darin habe ich mit Helmines Hilfe kurz und prägnant den physikalischen Zusammenhang zwischen den Wellenlängen verschiedener Farben dargelegt und erklärt, wie sich daraus ableiten lässt, welche Farbtöne zusammenpassen und welche nicht. Und was ist daraufhin passiert? Nichts, rein gar nichts. Die geschmacklosen

Petunien verunstalten die Rathausfassade nach wie vor, sodass ich jedes Mal Magenkrämpfe und Herzschlagaussetzer bekomme, wenn ich hinschaue.

Der einzige Effekt meines Schreibens an die Zeitung bestand darin, dass zwei Tage später ein anderer Leser dazu Stellung bezogen hat, und zwar mit den Worten: »Wenn Herr Humpff keine anderen Probleme hat als die nach seiner Meinung disharmonische Farbwirkung des Rathaus-Blumenschmucks und dazu auch noch die Zeit findet, sich darüber in einem Leserbrief zu ereifern, ist er echt zu beneiden.« Dass die Zeitungsredakteure, anstatt mein staatsbürgerlich-demokratisches Engagement zu würdigen, dieses üble Pamphlet abgedruckt haben, habe ich ihnen schwer verübelt und sie seither nie wieder mit einem Leserbrief beglückt. Das haben sie nun davon!

Ähnlich frustrierend war die Sache mit der Fernsehsendung. Seit Jahren schaue ich mir jeden Donnerstag um 18 Uhr im Regionalprogramm die Serie *Klara, alles klar?* an, in der es um die beruflichen und privaten Probleme einer niederbayerischen Kläranlagenbetreiberin geht. Und bis vor noch gar nicht langer Zeit habe ich mich jede Woche aufs Neue darauf gefreut und viel Spaß beim Zuschauen gehabt. Doch seit etwa vier, fünf Monaten scheint den Machern der Sendung nichts mehr einzufallen. Die Folgen werden immer langweiliger, die Handlungsabläufe derart abstrus, dass sich kein Mensch mehr mit den Personen identifizieren, geschweige denn die Beweggründe ihres Tuns nachvollziehen kann. Auch viele andere Vollsenioren in der Altenbegegnungsstätte klagen, *Klara, alles klar?* würde von Mal zu Mal schlechter. Da habe ich mir die Zeit genommen und an die Sendeanstalt einen längeren Brief geschrieben, in dem ich ausführlich dargelegt habe, warum es keine Freude mehr macht, die wöchentlichen Folgen anzuschauen. Das mehrfach umformulierte Schreiben habe ich mit folgendem Satz beendet: »Darum bitte ich Sie auch im Namen vieler weiterer treuer Zuschauer, das Geld für die Produktion der Serie lieber anderen Projekten zukommen zu lassen. *Klara, alles klar?* können Sie mit sofortiger Wirkung getrost aus dem Programm streichen.«

Jetzt sollte man doch denken, dass ein Fernsehsender für eine derart profunde Rückmeldung aus dem Zuschauerkreis dankbar ist und die bestens begründete Anregung mit Freuden aufnimmt. Aber weit gefehlt! Am letzten Donnerstag kam die Serie schon wieder! Nicht einmal die Mühe, meinen Brief zu beantworten, haben sich die Damen und Herren des Senders gemacht. Ist das nicht dreist? Schließlich zahle ich seit vielen Jahren brav meine Gebühren. Da brauchen sich die Programmmacher nicht zu wundern, dass das Fernsehen immer mehr in Verruf gerät.

Dass ich weder mit Briefen an die Zeitung noch mit solchen an Fernsehanstalten Veränderungen zum Wohl der Bevölkerung erreichen konnte, entrüstete und betrübte mich gleichermaßen. Wollte ich mir Gehör verschaffen, bedurfte es offensichtlich drastischerer Methoden. Was die Betroffenen wirklich aufrüttelt, kann man ja tagtäglich in der *Tagesschau* sehen: organisierte Massendemonstrationen! An einer solchen würde ich teilnehmen.

Es traf sich gut, dass sich bereits zwei Wochen später ein idealer Anlass für eine derartige Protestaktion ergab. Der Nachbarort soll nämlich – übrigens auch als Folge hartnäckiger Bürgerbegehren – endlich eine Umgehungsstraße bekommen. Und da hat sich im Zuge der Planungen herausgestellt, dass eine Eiche im Weg steht. Ein uralter Baum, der dort schon zu Zeiten meiner Kindheit seine knorrigen Äste in die Luft gestreckt hat. Mit Sicherheit Heimat unzähliger Vögel und einer Menge anderen Getiers. Kurz, ein Naturmonument ersten Ranges. Und ausgerechnet das soll weg! Weil die Straße ansonsten um den Baum herum eine leichte Biegung machen müsste. Die hält man für zu unfallträchtig. Das heißt doch nichts anderes, als dass man den Autofahrern nicht zutraut, ihr Gefährt um eine sanfte Kurve zu lenken. Was für ein Hohn!

Da offenbar auch viele andere mündige Staatsbürger meiner Ansicht sind, erschien gestern in der Zeitung der Aufruf einer Bürgerinitiative zu einer Demonstrationsveranstaltung. Die war, wie ich erfahren habe, ursprünglich für kommenden Samstag geplant, doch dann hat ein findiger Bürger zu bedenken gegeben, dass am Wochenende keine Bauarbeiten stattfinden, sodass man keinen Beteiligten stört. Das wäre wie ein Streik an einem Feiertag, hat er gemeint. Also hat man den Termin einen Tag vorverlegt. Ziel der Veranstaltung sei es zu erreichen, dass die Behörde im Streckenabschnitt vor und hinter dem Baum lieber die zulässige Geschwindigkeit begrenzt, anstatt den majestätischen Baum kurzerhand zu fällen.

So mache ich mich also am Freitag auf den Weg Richtung Eiche, um den Hals ein Plakat mit der Aufschrift *Bevor alte Eichen weichen, ist es besser, mit 30 zu schleichen* und mit einer Trillerpfeife im Mund. Dort angekommen, registriere ich mit Wohlwollen, dass außer mir noch eine stattliche Anzahl anderer Demonstranten erschienen sind, insgesamt mindestens zwölf. Wir bilden um den Baum herum einen Kreis, geben uns gegenseitig die Hände und skandieren im Chor: »MACHT AUS DER ALTEN EICHE KEINE TOTE LEICHE!« Den Spruch hat einer der Initiatoren persönlich gedichtet. Ich habe ihn zwar gestern noch telefonisch darauf aufmerksam gemacht, dass *tote Leiche* ein Pleonasmus, zu Deutsch doppelt gemoppelt, ist, der mich als ehemaligen Deutschlehrer massiv stört. Aber er hat gemeint: »Ist doch scheißegal, Hauptsache, es reimt sich!«

Während wir den Spruch mit der toten Leiche im Rhythmus grölen und sich die Jüngeren unter uns beim Wort *Leiche* jedes Mal theatralisch zu Boden fallen lassen, sehe ich mich verstohlen nach einem Fernsehteam um. Aber da ist weit und breit nichts zu sehen. Kein Übertragungswagen, keine Kamera, kein Reporter, rein gar nichts. Nicht einmal der Regionalsender hat es für nötig befunden, zu unserer Großaktion einen Berichterstatter zu schicken. Und die Polizei? Der schien es offensichtlich auch nicht erforderlich, ein Großaufgebot an Einsatzkräften mit der Räumung des Geländes zu beauftragen. Dabei hatte ich mich so darauf gefreut, mich von einem schwarz gekleideten und behelmten, bis an die Zähne bewaffneten Gesetzeshüter in sitzender Position wegtragen zu lassen. Oder im Fall von Tränengas zumindest den vorsorglich mitgebrachten Mundschutz anzulegen und damit trotzig in eine Kamera zu blicken.

Nicht einmal die Bauarbeiter scheinen wir mit unserer Aktion zu beeindrucken. Denn die sind ein paar Hundert Meter weit entfernt zugange, sodass unsere Demonstration sie in keinster Weise bei ihrer Tätigkeit beeinträchtigt. Ein paar von ihnen blicken kurz zu uns herüber, und ich glaube sogar, schadenfrohes Gelächter zu hören. Mehr passiert nicht.

Eine gute Stunde lang grölen wir uns die Lungen aus dem Leib, doch es ist offensichtlich, dass sich kein Mensch um uns und unser Anliegen schert. So brechen wir schließlich enttäuscht ab. Eine weißhaarige Seniorin meint, dass wir vielleicht in der Landeshauptstadt vor dem Parlamentsgebäude demonstrieren und dabei die ein- und ausgehenden Volksvertreter mit grüner Leuchtfarbe bespritzen sollten. Das müsste die doch beeindrucken. Und eine andere, ganz in Grün mit einem NABU-Sticker auf der Jacke, schlägt vor, aus einem Auto heraus in die Arbeitergruppe eine Handgranate zu schleudern. Das würde mit Sicherheit Aufsehen erregen. Doch der Plan wird nach längerer Diskussion als dann doch zu militant abgelehnt. Und auch die Anregung, das Areal um unseren Baum weiträumig mit Buttersäure zu verstänkern, damit es den Arbeitern dort kotzübel wird, findet keine Mehrheit.

Damit unsere Zusammenkunft aber nicht ganz umsonst war, einigen wir uns am Ende darauf, auf die Rückseite eines Plakats in Großbuchstaben *VORSICHT, GEGEND IST VERMINT!!!* zu schreiben und dieses an den Stamm zu binden. Dann machen wir noch ein Weilchen mit unseren Trillerpfeifen Krach und trollen uns schließlich schweigend nach Hause.

Dort werde ich schon von Hulda erwartet, die natürlich wissen will, wie unsere Protestaktion gelaufen ist. Ich berichte ihr wahrheitsgemäß, dass wir damit nicht ganz die Aufmerksamkeit erzielten, die wir uns erhofft hatten. »Aber weißt du was?«, gebe ich am Schluss zu bedenken. »Vielleicht ist es ja ganz gut, dass das Ganze so friedlich ablief. Hört man nicht immer wieder, dass es bei derlei Großveranstaltungen am Ende zu einer Massenpanik gekommen ist?«

Aller Ehren wert

Es ist Dienstagnachmittag, und ich bin wie jeden Dienstag, Donnerstag und Samstag auf Tour. Durch Wald und Flur, hügelauf und hügelab, an einem malerischen See vorbei und zum Schluss sogar quer durch ein kleines Moor. Heute liegt über der prächtigen Natur ringsum allerdings ein dichter Dunstschleier. Doch das macht nichts. Ich weiß genau, wie es hier aussieht, denn meine Strecke ist immer exakt dieselbe. In jeder Hand halte ich eine lederne Leine, an deren anderem Ende jeweils ein zottiges Tier hängt: ein Alpaka, ein südamerikanisches Kamel. Die beiden – das dunkelbraune heißt Max und das graugelbe Moritz – trotten gleichmütig hinter mir her, lassen sich hin und wieder ein paar saftige Grashalme schmecken und haben es, wie immer, alles andere als eilig. Sie zu flotterer Gangart anzutreiben, bringt gar nichts. Im Gegenteil. Dann zeigen sie mir nur, wer von uns der Stärkere oder zumindest der Sturere ist, und bleiben einfach stehen. Und grinsen mich geradezu provokant an. Dann bleibt mir nichts anderes übrig, als geduldig zu warten, bis es ihnen zu blöd wird und sie gemächlich weitertrotten. Was vor allem bei Moritz schon mal eine halbe Stunde und länger dauern kann.

Als ich vor sechs Wochen angefangen habe, sie regelmäßig auszuführen, habe ich das noch nicht gewusst. Habe an Moritz, wenn der mal wieder nicht wollte, rumgezerrt und ihn angebrüllt. Aber ohne den geringsten Erfolg. Und zweimal habe ich den Fehler begangen, ihn ein *Mistvieh* zu nennen. Das hat er mir richtig übel genommen und mir einen dicken Batzen Spucke und Magensaft entgegengeschleudert. Zielsicher genau in mein Gesicht. Und ich hatte nicht einmal ein Papiertaschentuch dabei, um das eklige, schleimige, übel riechende Zeug abzuwischen. Das passiert mir seither nicht mehr. Die Ausdrücke *Mistvieh, blödes Kamel* und *Arsch* – auch das ist mir in meiner Wut schon einmal herausgerutscht und hat mir gleich von beiden Tieren einen Batzen Schleim eingebracht – vermeide ich seither peinlich. Stattdessen schreie ich die Tiere, wenn sie mal wieder gar nicht gehorchen wollen, auf Spanisch an. »IDIOTA!«, »TONTO!« und »GILIPOLLAS!«. Die Ausdrücke und ihre korrekte Aussprache habe ich vom Spanischlehrer unseres Gymnasiums gelernt. Die sind Alpakas – schließlich stammen sie aus Peru – von klein auf gewöhnt und sie reagieren darauf kein bisschen aggressiv. Was indes nicht heißt, dass sie darauf überhaupt reagieren. Das Einzige, was sie echt beeindruckt und zu schnellerer Gangart anspornt, ist, wenn ich sie meinerseits anspucke. Und zwar ebenfalls mitten in ihr struppiges Gesicht. Deshalb habe ich immer ein Stück Salatgurke und eine kleine Flasche Cola in der Tasche. Wenn mir eines der Tiere so richtig auf die Nerven geht, weil es mich, statt endlich weiterzulatschen, nur schadenfroh angrinst, zerkaue ich rasch ein Stück Gurke, mische es im Mund mit Cola und speie dem Burschen die grün-braune Brühe aus nächster Nähe auf die Nase. Das hat ihnen noch jedes Mal Beine gemacht.

Vor noch gar nicht langer Zeit waren Max und Moritz die berühmte Attraktion des Gasthofs *Waldruhe*, wo sie in einem geräumigen Gehege lebten und mit den größtenteils älteren Gästen ausgedehnte Spaziergänge unternahmen. Natürlich von einer speziell ausgebildeten Hotelangestellten begleitet. Die Auslastung des Gasthofs habe sich seit der Anschaffung der Tiere fast verdoppelt, hieß es. Doch letztes Jahr ist das Inhaber-Ehepaar bei einem tragischen Verkehrsunfall ums Leben gekommen, und für die *Waldruhe* fand sich trotz intensiver Bemühungen kein Nachfolger. Da kamen Max und Moritz ins Tierheim, und seither bin ich es, der sie dreimal in der Woche ausführt. Für nichts als die Ehre, versteht sich.

Begonnen hat alles an einem Aprilabend, als Hulda und ich, wie immer, bei einem Glas Wein vor dem Fernseher saßen und uns von irgendeinem langweiligen Film berieseln ließen.

Plötzlich ergreift meine liebe Ehefrau die Fernbedienung, schaltet die Flimmerkiste kurzerhand ab und verkündet kategorisch: »So kann das nicht weitergehen!«

»Was nicht?«, frage ich verblüfft.

»Dass wir den ganzen Tag und dazu auch noch jeden Abend faul rumhängen. Ich habe heute im Radio einen Bericht gehört, wonach es überall an freiwilligen Helfern fehlt. Seither habe ich beim Lesen und Fernsehen und ganz besonders beim bloßen Rumgammeln ein total schlechtes Gewissen.«

Ich runzle die Stirn. »Du meinst, wir sollten ein Ehrenamt übernehmen?«

»Exakt. Was mich betrifft, weiß ich auch schon, was ich tun will. Ich stelle mich der hiesigen Grundschule als Hausaufgabenbetreuerin zur Verfügung. Macht Gisela auch. Und die ist damit total happy.« Dazu muss man wissen, dass Gisela Huldas dickste Freundin ist. »Dann können wir sogar zusammenarbeiten. Du weißt ja: Geteilte Freude ist halbe Freude.«

»Das gilt für das Leid«, berichtige ich sie. Der Deutschlehrer bricht halt immer wieder durch. »Bei der Freude muss es ›doppelte‹ heißen.«

»Halb oder doppelt ist doch schnuppe«, mault sie, anstatt sich für den fachlich fundierten Rat zu bedanken. »Hauptsache, wir können gemeinsam Gutes tun.«

»Und ich?«, frage ich schüchtern. Insgeheim hoffe ich, mein Verständnis für ihr Engagement genügt ihr, und ich muss nicht selbst aktiv werden. Doch weit gefehlt.

»Im *Wochenblatt* stehen diesmal eine ganze Menge Angebote beziehungsweise Bitten in Bezug auf ehrenamtliche Tätigkeiten.« Damit schiebt sie mir das Blatt über den Tisch. »Such dir einfach etwas aus.« Den Fernseher lässt sie ausgeschaltet.

Na schön, wenn es unbedingt sein muss. Seufzend schaue ich mir die verschiedenen Offerten an, der Stadt als freiwilliger Helfer dienlich zu sein, und nehme dabei insbesondere diejenigen Beschäftigungen näher in Augenschein, die mit dem geringsten zeitlichen Aufwand verbunden sind. Es dauert nicht einmal fünf Minuten, da habe ich gefunden, was ich suche: eine Tätigkeit als städtischer Brunnenauf- und -zudreher. Dazu muss ich laut Beschreibung jeden Morgen Punkt acht den Springbrunnen auf dem Marktplatz in Betrieb setzen und abends – im Winter um sechs, im Sommer um neun – wieder abschalten. Das sollte doch zu machen sein. Zumal es in unmittelbarer Nähe des Brunnens eine gemütliche Kneipe gibt, wo ich bestimmt den einen oder anderen Abend ein kühles Helles zischen kann.

Die zuständige Dame bei der Stadtverwaltung freut sich hörbar, als ich am nächsten Morgen bei ihr anrufe, um mich für die Brunnenverwaltung anzubieten. Tags darauf zeigt und erklärt mir ein junger Mann, was genau ich zu tun habe, und wieder einen Tag später, pünktlich morgens um acht, setze ich den Springmechanismus des Brunnens in Betrieb. Das Bauwerk hat die Form eines Sechsecks mit einem Durchmesser von rund fünf Metern und ist von einer stabilen, etwa einen Meter hohen Sandsteinmauer umgeben. Exakt in der Mitte des Bassins erhebt sich eine etwa drei Meter hohe, von einem steinernen Löwen gekrönte Säule, aus deren sechs Öffnungen das Wasser nach allen Seiten herausspritzt. Sehr hübsch, das Ganze. Und im Gegensatz zum nicht weit entfernt stehenden roten Rathaus mit den violetten Petunien durchaus geschmackvoll.

Drei Wochen lang geht das so: morgens Hundespaziergang zum Brunnen, Wasser marsch, abends noch mal mit Herrn von Hinterhuber in die Innenstadt, Wasser stopp, kühles Bier, Heimweg. Gar nicht übel, das Ganze. Dann passiert das Unglück. Ein kleines Kind will seine klebrigen Vanilleeis-Finger unbedingt im Brunnenwasser säubern und bedrängt mich, es hochzuheben, damit es die kleinen Händchen eintauchen kann. Und als es gerade dabei ist, sich die Pfoten zu reinigen, ruckt es plötzlich hin und her und macht, bevor ich noch »Halt still!« rufen kann, ganz plötzlich einen heftigen Zappler, gleitet mir aus dem Arm, und schon verschwindet der blonde Lockenkopf unter Wasser. Und taucht nicht wieder auf. Erschrocken greife ich ins kühle Nass, kann das Kerlchen aber nicht zu fassen kriegen. Also klettere ich kurz entschlossen über die Steinbrüstung und ziehe das prustende und schreiende Kind aus den Fluten. Dann stehe ich da wie der sprichwörtliche begossene Pudel und lasse wortlos eine wüste Schimpftirade der vor Wut fast platzenden Mutter über mich ergehen.

Um es kurz zu machen: Nach etwa drei Monaten stellt das Amtsgericht das Verfahren wegen fahrlässiger Körperverletzung gegen mich zwar ein, aber den schönen Brunnen-auf-und-abdreh-Job bin ich los. Jammerschade!

Also suche ich, während Hulda weiter mit Begeisterung ihrer Hausaufgabenbetreuung nachgeht, in der Tageszeitung, im Wochenblatt und ausgiebig auch im Internet – wobei mir Helmine eifrig zur Hand geht – nach einer neuen sinnvollen Beschäftigung. Volle 14 Tage dauert es, dann werden wir auf der Internetseite der Stauferburg Kratzenfels nicht weit von hier endlich fündig. Dort finden etwa zwei- bis dreimal im Monat Rock-, Pop- und Klassikkonzerte mit prominenten Künstlern statt, die Zuhörer von weit her anziehen. Da so gut wie alle Besucher mit dem Auto kommen und die Parkmöglichkeiten rund um die Burg begrenzt sind, weisen mit gelben Armbinden gekennzeichnete Ordner den Fahrern ihre Stellplätze zu und sind ihnen gegebenenfalls beim Rangieren behilflich.

So etwas wollte ich, ich gebe es ehrlich zu, schon immer mal machen, verleiht die Weisungsbefugnis dem Einweiser doch eine nicht unbeträchtliche Machtfülle. Und erfreulicherweise bedarf es nur eines einzigen Anrufs, dann habe ich den Job. Beim ersten Einsatz machen mir noch gewisse Anlaufschwierigkeiten zu schaffen, weil ich selbst mit dem Gelände nur bedingt vertraut bin, doch bereits beim nächsten Konzert habe ich voll und ganz verinnerlicht, worauf es ankommt. Besonderen Spaß macht es mir, noble Luxuskarossen auf die abgelegensten und am schwierigsten zu erreichenden Plätze zu dirigieren. Zumal die allesamt auf einer unbefestigten Wiese liegen, die bei Regen in Minutenschnelle tiefgründig und schlammig wird. Damen in schicker Garderobe dabei zu beobachten, wie sie mit ihren glänzenden High Heels durch den Matsch trippeln, empfinde ich als ganz spezielles Vergnügen. Deshalb freue ich mich auf meine Einsätze immer am meisten, wenn der Wetterbericht für den Veranstaltungstag Dauerregen voraussagt.

Doch dann passiert mir auch bei dieser höchst befriedigenden Tätigkeit ein fatales Missgeschick. Ich habe in dem Parkbereich, für den ich zuständig bin, bewusst drei besonders winklige und dreckige Stellplätze nicht besetzt und stattdessen für Nobellimousinen frei gehalten. Und in einer von denen sitzt ausgerechnet der Innenminister mit Gattin. Dessen Chauffeur beharrt darauf, unmittelbar vor dem Burgeingang zu parken, was – ich gebe es ehrlich zu – auch ohne Weiteres möglich wäre. Schließlich sind die Künstler, für die dieser Bereich frei gehalten worden ist, schon vor Längerem angekommen und in der Burg verschwunden. Bis die ihren Stellplatz nach der Veranstaltung wieder brauchen, sind die Zuschauer längst weg. Aber das weiß der Chauffeur ja nicht. Deshalb behaupte ich einfach, der Platz dürfe aus Brandschutzgründen nicht belegt werden, und schicke den schweren Mercedes samt seinen prominenten Insassen ans äußerste Ende der aufgeweichten Wiese.

Zwei Tage später bin ich gefeuert.

Nun könnte man ja sagen: Sei doch froh. Dann musst du in Zukunft nicht mehr bei jedem Dreckswetter im Freien rumlatschen und Angst haben, dir dabei vielleicht eine schlimme Erkältung einzufangen. Zumal du für die üble Schinderei keinen einzigen Cent bekommst. Doch so einfach ist das nicht. Man glaubt gar nicht, wie man an einem Job hängen kann, der einen mehrere Male im Monat quasi zum Chef über zahlreiche Autofahrer, ja sogar über fernsehbekannte Prominente macht. Einige Parkeinweiser-Kollegen sprechen in Bezug auf ihre Tätigkeit sogar mit verklärtem Gesichtsausdruck von »süchtig machen«. Wann kann man als Normalbürger sonst schon mal Wirtschaftsbosse, Schauspieler und andere Berühmtheiten nach Lust und Laune rumscheuchen und drangsalieren? Doch mein Einspruch gegen die Kündigung mit der Begründung, der Chauffeur habe ja mit keinem Wort erwähnt, welche bedeutende Persönlichkeit da hinter ihm im Auto saß, und der Minister selbst habe sich auch nicht zu erkennen gegeben, wird gnadenlos abgeschmettert. Ich bin tieftraurig, kann zwei Wochen lang kaum schlafen und habe keinen Appetit mehr. Was immerhin den positiven Nebeneffekt hat, dass mein Bauch ein klein wenig schrumpft.

Wieder dauert es geraume Zeit, bis ich eine neue Aufgabe finde, die verspricht, mir Spaß zu machen. Auch diesmal bedarf es nur eines einzigen Anrufs, dann stellt mich die hiesige Abfallbeseitigungsgesellschaft nach einer kurzen Einarbeitungszeit als geprüfter Mülleimerkontrolleur und -richtigsteller ein. Dazu muss man wissen, dass die Behälter für Papier-, Bio- und Restmüll bei uns seit einiger Zeit von Spezialfahrzeugen mit Greifarmen geleert werden, was die Müllmänner alter Prägung praktisch unnötig macht. Das klappt jedoch nur, wenn die Eimer korrekt platziert sind: mit etwa zehn Zentimeter Abstand zueinander und der Front Richtung Straße. Und genau das überwache ich in einem definierten Bezirk um unseren Wohnsitz herum. Am Abend oder spätestens einige Stunden vor der geplanten Leerung schlendere ich zusammen mit Herrn von Hinterhuber die Straßen entlang und schaue, ob alle Mülltonnen exakt so stehen, wie sie sollen. Falls nicht, nehme ich Korrekturen vor und klebe Info-Schreiben an die Behälter, auf denen die Besitzer lesen können, dass sie diese künftig einwandfrei positionieren sollen.

Das ist wirklich kein schlechter Job, zumal ich dazu nicht erst irgendwo hinfahren muss, sondern von zu Hause aus losmarschieren kann. Aber ein richtiges Ehrenamt ist es eigentlich nicht, denn als Belohnung für meinen Einsatz erlässt mir die Abfallgesellschaft die persönlichen Müllgebühren. »Eine Hand reinigt die nächste«, meint Hulda dazu.

Doch auch diese angenehme Arbeit findet ein vorzeitiges Ende. Schuld daran ist eine Gruppe gammeliger Jugendlicher – früher hätte man sie *Halbstarke* genannt – in einer schmalen Stichstraße. Die halten es offenbar für saumäßig witzig, jedes Mal, wenn sie mich sehen, »Da kommt der stinkige Müllopa« oder etwas in der Art zu rufen und dabei so was von hämisch zu lachen, Sie glauben es nicht.

Lange schaffe ich es, mich von den Mistkerlen nicht provozieren zu lassen und so zu tun, als würde ich sie weder sehen noch hören. Doch dann kann ich eines Tages, als sie es mit ihren Beleidigungen zu toll treiben, nicht mehr an mich halten und brülle rasend vor Zorn, sie sollten auf der Stelle machen, dass sie wegkämen, sonst würde ich die Polizei rufen. Was sie sich eigentlich einbildeten und dass asoziale Rumtreiber und Tunichtgute wie sie allesamt ins Zuchthaus gehörten. Dabei werfe ich ihnen in meiner Wut üble Schimpfwörter wie *Rotzlöffel, Scheißkerle, Saubande* und am Ende sogar *Arschlöcher* an den Kopf. Das nehmen sie mir offenbar ernsthaft übel, denn von da an machen sie sich an jedem Müllentleerungstag einen Spaß daraus, die von mir sorgfältig platzierten Behälter immer wieder zu verschieben, sodass sie anschließend nicht nur ohne ordentlichen Abstand, sondern auch noch mit der Rückseite Richtung Straße stehen.

Eines Tages setzen sie sogar noch eins drauf und lockern in der Nacht vor der Leerung bei zwei randvollen Tonnen den Mechanismus, mit dem Deckel und Behälter verbunden sind. Das weiß ich so genau, weil ein entfernter Bekannter sie dabei beobachtet und mich – leider zu spät – über den Sabotageakt informiert hat. Was dann passiert, können Sie sich denken. Am nächsten Morgen greift der Fahrer des Müllautos mit dem Schwenkarm die erste scheinbar akkurat aufgestellte Tonne, hebt sie an, bewegt sie durch die Luft auf seinen Laster zu, als auf einmal der Deckel abkracht und der ganze stinkende Mist auf der Straße landet. Bei Tonne zwei geht alles gut, ebenso bei den Tonnen drei und vier. Und als er schon glaubt, das Missgeschick mit dem ersten Behälter sei ein ärgerlicher Einzelfall gewesen, passiert ihm mit Tonne fünf dasselbe. Gemeinsam mit seinem Beifahrer braucht er eine geschlagene Dreiviertelstunde, um die Straße wieder halbwegs sauber zu bekommen.

Der Rest ist schnell erzählt: Der Fahrer meldet den Vorfall seinem Vorgesetzten, und ich bekomme einen bitterbösen Anruf mit der Aufforderung, auf der Stelle zu erklären, wie so etwas passieren könne. Ich berichte von der Auseinandersetzung mit den unverschämten Mistkerlen, aber man glaubt mir nicht. Stattdessen behauptet der für mich zuständige Bereichsleiter, er habe mich schon mehrfach bei meiner Tätigkeit beobachtet und dabei genau gesehen, dass ich mit den Tonnen alles andere als zartfühlend umgegangen sei. Mit an Sicherheit grenzender Wahrscheinlichkeit sei daher *ich* es, der die Dinger beschädigt hätte. Dann schreit er noch »SIE SIND GEFEUERT!« und legt auf. Seither muss ich meine Müllgebühren leider wieder selbst bezahlen.

Knapp 14 Tage später – das ist jetzt sechs Wochen her – erzählt mir eine Nachbarin dann von den Alpakas, an denen die Gäste des Hotels *Waldruhe* jahrelang so viel Freude gehabt hätten. Und dass das Tierheim händeringend jemanden sucht, der sie ein paarmal pro Woche ausführt. Den Rest kennen Sie.

Jetzt bin ich gespannt, wie lange die Sache mit den eigenwilligen Südamerikanern gut geht. Jedes Mal, wenn ich mit ihnen unterwegs bin, warte ich darauf, dass irgendwo unser Bürgermeister, der Landrat oder gar der Ministerpräsident aufkreuzt. Und dass Max oder Moritz ihm dann zielsicher eine Ladung Schleim ins Gesicht schleudert.

Vorsichtshalber studiere ich schon mal in jeder neuen Ausgabe des *Wochenblatts* die aktuellen Ehrenamtsangebote.

Tibetanische Grunzochsen

In die Einliegerwohnung der anderen Haushälfte ist vor etwa zwei Monaten ein junges Paar eingezogen. Beide etwa Mitte 20, er groß und schlaksig mit Dreitagebart, sie ein ganzes Stück kleiner, blond und ein bisschen pummelig. Seither geht es dort voll ab. Jeden Abend, oft auch nachts und manchmal sogar am helllichten Tag. Bis dahin hatte ich keine Vorstellung, was für ein Spektakel man beim Sex veranstalten kann. Echt beeindruckend! Doch der Lärm würde mich im Grunde nicht einmal stören, schließlich ist danach ja jedes Mal schnell wieder Ruhe. Nein, was mich total nervt, sind diese hämischen Blicke, wenn ich den beiden im Lauf des Tages vor dem Haus begegne. Zwar grüßen sie höflich, aber das immer mit einem geradezu provokanten Gesichtsausdruck, der mir wohl sagen soll: »Na, Alter, hast du das gestern Abend wieder mitbekommen? Möchtest du doch auch noch mal, he? Aber klappt halt nicht mehr. Du tust uns ja sooo leid.«

»Grinsen die dich auch immer so blöd an?«, frage ich Hulda.

Sie nickt nachdenklich, wobei ich ziemlich sicher bin, in ihrem Blick so etwas wie wehmütiges Bedauern zu entdecken. Tatsächlich ist es seit einigen Jahren mit unserem Liebesleben nicht mehr weit her. Um nicht zu sagen: Es findet schlicht nicht statt. Ein zartes Küsschen beim abendlichen Schlafengehen und morgens nach dem Aufwachen, tagsüber allenfalls mal ein flüchtiges Streicheln im Vorübergehen, das ist alles.

»Dass die es jeden Tag miteinander treiben«, sage ich, »ist mir ja im Grunde egal. Das war bei uns in dem Alter doch auch nicht anders, oder?«

»Bei mir jedenfalls nicht«, stimmt Hulda mit gedankenschwerem Gesichtsausdruck zu.

»Wenn ich auch der Meinung bin«, fahre ich fort, »dass man dabei nicht unbedingt so einen Krach machen muss. Aber was mich echt nervt, ist dieses herablassende, arrogante Gegrinse. Von ihm genauso wie von ihr. Das geht mir so was von auf den Geist.«

»Stimmt schon«, nickt Hulda versonnen. Doch dann blitzt es in ihren Augen plötzlich hell auf. »Weißt du was?«

»Was denn?«, frage ich überrascht.

»Wir liefern denen heute Abend selber eine Show. Ein echtes Spektakel, das sich gewaschen hat. So mit allem Pipapo. Was hältst du davon?«

Ich ziehe die Stirn kraus. »Wie? Pipapo?«

»Na, was die können, können wir doch schon lange, oder? Ich meine, geräuschtechnisch.«

Allmählich dämmert mir, was sie vorhat. Erschrocken fahre ich zurück. »Das können wir doch nicht machen. Das ist doch total peinlich.«

»Ach was!« Sie schüttelt den Kopf, dass ihre braunen Haare wild hin- und herfliegen. »Sei doch nicht so verklemmt!«

Ich und verklemmt? Das hat mir noch niemand vorgeworfen. Aber wenn ich es mir recht überlege, gab es dazu auch schon lange keinen Anlass mehr. »Ja, aber ...«, murmle ich matt.

»Kein Aber!«, fällt sie mir ins Wort. »Denen zeigen wir mal so richtig, was eine Harke ist. Sollst mal sehen, wie die dich beim nächsten Mal anschauen.«

Langsam, ganz langsam finde ich an der Idee Gefallen. Schließlich habe ich an unserer Schule viele Jahre lang die Theater-AG geleitet. Habe den jugendlichen Schauspielern immer und immer wieder eingebläut, man müsse sich in eine Rolle nur voll und ganz, mit allem, was man hat, hineinversetzen, dann käme man quasi zwangsläufig überzeugend rüber. Man dürfe die Person, die man darstelle, keinesfalls bloß spielen, man müsse sie *sein* und *leben*! Und ich habe ihnen das nur zu oft vorgeführt. Da sollte ich es doch auch als Vollsenior noch hinbekommen, einen leidenschaftlichen Liebhaber zu mimen. Zumal das von mir ja nur verbal verlangt wird. Und stimmlich bin ich allemal noch prima drauf.

»Komm, wir üben gleich mal«, fordert mich Hulda auf und legt auch schon los: »Oooh, oooooh. Mmmmmh. Aaah ...«

Das ist mir jetzt doch ein bisschen peinlich. »Nun übertreib mal nicht«, versuche ich, sie zu bremsen.

Doch jetzt kommt sie erst so richtig in Fahrt. »Ja, ja, so ist's gut. Aaaaah. Ja, ja, ja, hör nicht auf! Gib's mir! OOOH, OOOOOOOOOOOOH«, keucht sie in einer Lautstärke, dass mir ganz anders wird. Ich kann mich nicht erinnern, dass sie, als wir noch miteinander Sex hatten, jemals derart aus sich herausgegangen ist. Was sollen bloß die Nachbarn von uns denken? Ich blicke mich verstohlen um. Zum Glück sind alle Fenster geschlossen.

»Nun zier dich doch nicht so«, unterbricht sie meine Gedanken. »Was bist du bloß für ein prüder Waschlappen!«

Das will ich jetzt doch nicht auf mir sitzen lassen. Also stimme ich behutsam mit ein: »Aaah. Mmmmmh. Jaaaa.« Dabei keuche, stöhne und ächze ich von Sekunde zu Sekunde heftiger. Und werde immer lauter. Sollen sie doch denken, was sie wollen, die Nachbarn.

Auch Hulda legt noch mal eine Schippe drauf und kreischt, als würde sie umgebracht. Da will ich nicht nachstehen und lege mich ebenfalls voll ins Zeug. Was für eine Show! Meine Theatergruppe wäre von meiner Darstellung hin- und hergerissen! Gegen unser Getöse sind die Brunftschreie kopulierender tibetanischer Grunzochsen ein müdes Gesäusel. Zum Schluss noch ein schrilles Crescendo, gefolgt von einem langgezogenen »AAAAAAAH« – dann ist Schluss.

Hulda hat sich dermaßen verausgabt, dass sie schnauft wie nach einem Marathonlauf, und meine Beine schlottern von der Anstrengung, dass ich mich der Länge nach aufs Sofa plumpsen lasse.

»Das hat voll Spaß gemacht«, sagt sie, nachdem sie wieder einigermaßen Luft bekommt. »Das machen wir heute Abend noch mal. Wenn die beiden zu Hause sind.«

»Die Generalprobe war jedenfalls ein voller Erfolg«, stimme ich zu. »Da kann die Premiere gar nicht schiefgehen.«

Und das geht sie dann auch nicht. Im Gegenteil! Um halb elf, kurz bevor die beiden nebenan erfahrungsgemäß zur Sache kommen, legen wir los. In unserer Küche, die, wie ich zuverlässig weiß, direkt an das nachbarschaftliche Schlafzimmer grenzt. Diesmal habe ich nicht die Spur einer Hemmung mehr und gebe mein Bestes, um die laut keuchende, stöhnende und grunzende Hulda mit meinen Lautäußerungen noch zu übertrumpfen. Wir sind echt Spitzenklasse! Unsere Darbietung hätte den Deutschen Filmpreis und den Oscar gleich noch dazu verdient. Dass ich mich als greiser Vollsenior noch mal zu einer derartigen schauspielerischen Höchstleistung aufschwingen kann, hätte ich nie gedacht. Schließlich, nach einem ekstatischen Schluss-Aaaaaaah, liegen wir uns in den Armen und kriegen uns vor Lachen gar nicht mehr ein. Was für ein Spaß!

Vor dem Einschlafen lauschen wir noch ein paar Minuten den wie jeden Abend zuverlässig einsetzenden Darbietungen des Pärchens nebenan. Bislang waren mir die immer temperamentvoll, ja regelrecht wild vorgekommen, doch wenn ich sie jetzt mit unserer Performance vergleiche, kommen die beiden schlecht weg. Im Grunde ist das, was die zwei zu bieten haben, doch nicht mehr als ein flaues Gekeuche mit einem müden finalen Aufstöhnen. Echt kalter Kaffee!

Nächster Morgen, kurz vor sieben. Heute begleitet mich Hulda auf meinem obligatorischen Hundespaziergang. Doch bevor wir das Haus verlassen, warten wir mit Herrn von Hinterhuber im Flur, bis wir hören, dass sich nebenan die Haustüre öffnet. Ein kurzer Blick auf die Uhr. Passt, genau ihre Zeit. Also raus ins Freie! Wir grüßen mit einem fröhlichen »Guten Morgen«. Doch den beiden scheinen die Worte im Hals stecken zu bleiben. Sie starren uns nur ungläubig an, dann entringt sich ihm ein mattes »Morgen« und ihr ein nicht minder maues »Hallo«. Hulda und ich zwinkern uns zu. Die zwei haben wir, wie's aussieht, zutiefst beeindruckt. Und dabei selbst Spaß ohne Ende gehabt.

Die Premiere war ein grandioser Erfolg. Ihr werden, so viel steht fest, noch eine Menge weiterer Aufführungen folgen.

Blaues Wunder

Der Ausdruck wehmütigen Bedauerns in Huldas Blick, als wir über den Dauersex unserer Nachbarn gesprochen haben, lässt mich nicht los. Es ist ja nicht so, dass ich nicht auch wollte. Aber die Zeiten sind definitiv vorbei. So wie ein Tauber nun mal Beethovens Neunte nicht hören kann, auch wenn er es sich noch so sehnlich wünscht, so muss ich mich eben zähneknirschend damit abfinden, dass es beim Sex mit Hulda meinerseits beim Verlangen bleibt. Wie sagt doch ein altindisches Sprichwort: *Ist der Klöppel krumm, bleibt die Glocke stumm.* Wobei mir das mit dem Abfinden im Grunde nicht einmal besonders schwergefallen ist. Denn so wie früher als junger Mann, als ich praktisch ein wehrloses Opfer meiner heißen Triebe war, jede Nacht erotische Träume und nicht selten Mühe hatte, mich auf andere Themen und Aufgaben zu konzentrieren, möchte ich heute gar nicht mehr leben.

Woher habe ich den Spruch von dem Klöppel eigentlich? So etwas ist mir früher immer sofort eingefallen. Aber damit ist es ebenso schon seit Längerem vorbei. Heute geht mir das mit derlei Dingen wie mit den Namen von Menschen, die mir zufällig begegnen und von denen ich genau weiß, dass ich schon mal mit ihnen zu tun hatte und deshalb eigentlich wissen müsste, wie sie heißen. Aber ich weiß es eben nicht. Und komme auch bei noch so intensivem Grübeln nicht drauf. Das ist bei dem fraglichen Spruch zum Glück anders. Zuerst fällt mir ein, dass ich ihn aus einer Fernsehsendung habe. Und dann, nach weiterem konzentrierten Nachdenken, bin ich mir ziemlich sicher, dass es *Odysso* war. Eine Folge über die Probleme alternder Männer, will heißen über Erektionsschwierigkeiten. War da nicht von so kleinen blauen Pillen die Rede? Die angeblich helfen sollen? Wie hießen die noch mal? Das könnte man jetzt sicher mühelos im Internet herausfinden. *Man* vielleicht, *ich* leider nicht. Weil ich, wenn ich irgendwelche Auskünfte brauche, immer Hulda bitte, mal nachzusehen, oder, wie das heutzutage heißt, zu googeln. Die ist in derlei Dingen wesentlich fitter als ich. Aber sie zu bitten, kommt natürlich nicht infrage. Schließlich will ich sie überraschen. Genauso wenig kann ich meine Enkel bemühen. Von denen ist vor allem Horatio ein wahres Computergenie. Aber auch Helmine weiß bestens Bescheid und greift mir, wenn ich eine Auskunft brauche, immer wieder gerne unter die Arme. Aber deren süffisantes Grinsen, wenn ich sie nach den Erektionspillen frage, muss ich mir wirklich nicht antun.

Da kommt mir eine Idee. Die könnte mich weiterbringen. Die geliebte *Apotheken-Umschau*. Da müsste ich doch fündig werden. Keine fünf Minuten später sitze ich vor den Boxen mit den gesammelten Ausgaben. Und wer sagt's denn? Nicht mal 20 Hefte durchgeblättert, und schon habe ich gefunden, wonach ich gesucht habe. In der April-Ausgabe. Genauer gesagt in einem Artikel zum 20. Jubiläum von – *Viagra*! Genau, so heißt das Zeug. Habe ich natürlich schon mal gehört, wäre jetzt aber nicht auf den Namen gekommen. Ich lese den Artikel mit klopfendem Herzen, und was ich da erfahre, klingt in der Tat vielversprechend. Die blauen Dinger werde ich mir besorgen! Doch dann die Ernüchterung: in der letzten Zeile lese ich das Wort *rezeptpflichtig*. So ein Mist! Ich lege die Zeitschrift zur Seite und überlege: Wer könnte mir die Wunderpillen verschreiben? Zuständig wäre ja wohl ein Urologe. Doch da gibt es ein Problem: Den einzigen, der in unserer Stadt praktiziert, kenne ich persönlich. Zwar nur flüchtig – wir singen zusammen in einem gemischten Chor –, aber immerhin. Wenn der mich dann bei der nächsten Probe angrinst, bleiben mir wahrscheinlich die Töne im Hals stecken und ich bringe nur ein unmelodisches Krächzen zustande. Unser Hausarzt kommt ebenso nicht infrage. Schließlich geht auch Hulda zu ihm, wenn auch nicht so oft wie ich. Wie leicht entschlüpft ihm da vielleicht ein verräterisches Wort.

Ich überlege und überlege. Schließlich habe ich eine vage Idee: mein Freund und ehemaliger Nachbar Ludwig. Der ist Zahnarzt, kurz vor dem Ruhestand. Den kenne ich natürlich auch, sehr gut sogar, aber zu dem habe ich ein ganz spezielles, vertrauensvolles Verhältnis. Der hat mir, als er sich seinerzeit von seiner Frau getrennt hat, auch den ganzen Schlamassel haarklein erzählt und dabei selbst intimste Details nicht ausgelassen. Und soviel ich weiß, hat er Hanna, als ihr Frauenarzt im Urlaub war, sogar schon mal die Pille verschrieben. Dann müsste er doch auch ein *Viagra*-Rezept ausstellen können. Ein Blick auf die Uhr: halb eins. Da sollte er eigentlich zu Hause sein. Kurz entschlossen eile ich zum Telefon. Schon beim dritten Klingeln nimmt er ab.

Wir tauschen ein paar freundliche Belanglosigkeiten aus, dann komme ich zur Sache: »Ludwig, ich habe eine Bitte.«

»Und die wäre?«

»Es geht um Hulda.«

Er schluckt hörbar. »Du willst doch nicht sagen, dass eure Ehe ...«

»Nein«, unterbreche ich ihn. »Im Gegenteil.«

»Hat sie Probleme mit ihren Zähnen? Braucht sie vielleicht Ersatz?«

»Nein, nein. Was sie braucht, ist etwas ganz anderes.«

»Etwa meinen fachkundigen Rat als Entomologe?« Dazu muss man wissen, dass Ludwig der Vorsitzende des hiesigen Insektenschutzvereins ist und eine in Fachkreisen berühmte Sammlung aller möglichen Varietäten von Senfblattschwärmer-Raupen besitzt.

»Ach was. Viel intimer.«

Ich höre ihn laut schnaufen. »Vergiss es. Als Eheberater bin ich eine totale Null. Du weißt ja, wie es mit mir und ...«

Ich schüttle heftig den Kopf, was er natürlich nicht sehen kann, dann platze ich heraus: »Ich brauche ein Rezept.«

»Ach so. Sag's doch gleich. Was soll's denn sein? Mundspüllösung, entzündungshemmende Salbe? Oder was Härteres, ein Antibiotikum vielleicht?«

»Findest du das intim?«

Ludwig antwortet nicht. Dann atmet er zweimal vernehmlich ein und aus und stößt schließlich hervor: »Ach so. Jetzt hab ich's kapiert. Du brauchst *Viagra* oder einen anderen Riemenspanner. Stimmt's?«

Ich nicke erleichtert. »Genau. Kannst du mir so was verschreiben?«

Als er antwortet, kann ich sein Feixen förmlich hören. »Na klar. Auf Privatrezept kann ich alles verordnen. Sogar Tiermedizin.«

»Super. Könnte ich dann bitte ein Rezept haben?«

»Ja sicher. Hol's morgen bei mir in der Praxis ab. Ich hinterleg's an der Anmeldung.«

»Aber diskret, ja?«, bitte ich noch. »Am besten in einem verschlossenen Umschlag.«

»Selbstverständlich«, gibt er zurück. »Also dann bis morgen.«

»Ja, bis dann.« Erleichtert seufzend lege ich auf.

Kaum hat Hulda am nächsten Tag die Tür hinter sich ins Schloss gezogen, um in der nahen Schule lernschwachen Kindern bei den

Hausaufgaben zu helfen, mache ich mich auch schon auf den Weg zu Ludwigs Praxis. Da ich selbst bei einem anderen Zahnarzt, einem Klassenkameraden von Hannes, in Behandlung bin, muss ich nicht befürchten, dass mich das Personal kennt. Ich trete ein, nenne meinen Namen und bitte um das Rezept. Da grinst die junge Dame an der Rezeption derart unverschämt, dass ich auf der Stelle im Boden versinken möchte. Das ist schon keine Häme mehr, das ist Arroganz pur. Natürlich hat Ludwig den Umschlag vergessen, der Trottel. Zu allem Überfluss kann sich die blöde Schnepfe nicht verkneifen, mir beim Überreichen des Rezepts auch noch augenzwinkernd »Viel Erfolg!« zu wünschen.

Mein Rezept für *Viagra* habe ich nun. Doch damit stellt sich das nächste Problem: Wo einlösen? Eine Apotheke in unserer Stadt kommt nicht in Betracht. Von den vieren, die es gibt, kennt mich bei dreien der Inhaber, und auch bei der vierten muss ich damit rechnen, dass jemand im Laden ist, der weiß, wer ich bin. Immerhin habe ich am hiesigen Gymnasium mehr als 30 Jahre lang die heranwachsende Stadtjugend unterrichtet. Da bleibt es gar nicht aus, dass man bekannt ist wie ein bunter Hund. Also erkläre ich Hulda, in Frankfurt – immerhin an die 200 Kilometer entfernt – finde am nächsten Tag ein riesiger, wahnsinnig interessanter Flohmarkt statt. Sie verdreht seufzend die Augen. Doch dann denkt sie wohl, ein paar Büsten mehr machen den Kohl auch nicht fett, und nickt ergeben.

Am nächsten Tag stehe ich nach einer fast dreistündigen Zugfahrt in Frankfurt in einer kleinen Apotheke in der Nähe des Bahnhofs. Nachdem ich mich vergewissert habe, dass mich hier auch wirklich niemand kennt, reiche ich der jungen Dame hinter dem Tresen verschämt mein Rezept. Sie wirft einen Blick darauf, nimmt es dann aber mit stoischem Gleichmut entgegen, als handele es sich um eine Verschreibung für Schmerz- oder Schlaftabletten. Dann verschwindet sie kurz und kommt gleich darauf mit einer blauen Packung zurück, die sie vor mir auf die Verkaufstheke stellt. Und während sie mir mein Wechselgeld herausgibt, verkündet sie geschäftsmäßig: »Eine halbe Stunde vor dem Geschlechtsverkehr mit etwas Flüssigkeit einnehmen.«

Ruckartig fahren die Köpfe der beiden Frauen, die neben mir darauf warten, bedient zu werden, zu mir herum. Könnte ich mich auf der Stelle in Luft auflösen, ich würde es tun. So stammle ich nur: »In Ordnung«, lasse die Packung in meiner Jackentasche verschwinden und schlurfe mit eingezogenem Kopf Richtung Ausgang. Ich öffne die Tür und bin schon fast draußen, da höre ich, wie mir die zwei Frauen im Chor kichernd nachrufen: »Tschü-üs. Und viel Vergnügen!«

Auf der Rückfahrt lese ich, in einer Tageszeitung verborgen, aufmerksam den Beipackzettel. Von den dort verzeichneten Krankheiten, die die *Viagra*-Einnahme riskant machen oder völlig ausschließen, habe ich zum Glück keine einzige. Allenfalls mit meinem angeschlagenen Herzen könnte es Probleme geben, aber das nehme ich in Gottes Namen in Kauf. Doch da tut sich ein anderes Hindernis auf: Das Medikament wirkt – darauf wird ausdrücklich hingewiesen – nur bei sexueller Stimulation. Und ob Hulda die bei mir auslöst, scheint mir bei aller Liebe zu ihr doch eher zweifelhaft. Aber vielleicht hilft es ja, wenn ich in der entscheidenden Zeitspanne ganz fest an etwas anderes denke, was mich in Stimmung bringt. Und darüber, was oder besser wer das ist, muss ich gar nicht lange nachdenken: Laura Penisetti. Als ich noch Student war, war sie die heißeste Sexbombe der Welt! Ich habe damals sämtliche Filme mit ihr gesehen, die meisten sogar mehrfach. Und die Wirkung war jedes Mal exorbitant – auch ohne *Viagra*. Fast immer musste ich mich gleich danach aufs Männerklo zurückziehen, um den ungeheuren Druck im Unterleib loszuwerden. Ich brauche nicht lange zu überlegen, um mir die aufregendsten Filmszenen wieder ins Gedächtnis zu rufen, und freue mich, dass ich sie noch immer total erotisch finde.

Also, dann machen wir doch gleich mal die Probe aufs Exempel. Ich sammle ein bisschen Spucke und schlucke damit eine der blauen Wunderpillen runter. Laut Beipackzettel sollte die Wirkung in einer halben bis vollen Stunde einsetzen. Ungeduldig sehe ich alle fünf Minuten auf die Uhr. Inzwischen verbiete ich mir, an Laura Penisetti zu denken. Das tue ich dafür umso intensiver und übertreibe dabei sogar noch, als eine Dreiviertelstunde vergangen ist. Das ist hier im Zug natürlich gar nicht so einfach. Zwar sitze ich in einer engen Zweierreihe am Fenster und der Platz neben mir ist frei, dennoch stören die Gespräche der anderen Fahrgäste meine Konzentration doch ganz erheblich. Vor allem eine Frau zwei Sitzreihen vor mir, die ihrer Nachbarin so laut, dass der ganze Waggon mithören kann, erläutert, wie man einen besonders schmackhaften Hackbraten zubereitet, nervt gewaltig. Aber ich kann ja schlecht nach vorne gehen und zu ihr sagen: »Könnten Sie nicht vielleicht ein bisschen leiser sein; ich teste gerade die Wirkung eines Potenzmittels.« Nein, vielleicht ist es ja sogar ganz gut, wenn mich die Frau maximal ablenkt. Wenn sich dann in meiner Hose trotzdem etwas regt, muss ich mir keine Sorgen machen, dass ich im Ernstfall schlappmache.

Und was soll ich sagen, es klappt tatsächlich. Vielleicht nicht ganz so effektvoll, wie ich gehofft habe, aber immerhin. Schließlich hatte ich mit Laura ja nur gedanklichen Sex, da sollte das echte Erleben doch eine weitaus durchschlagendere Wirkung haben. Zumal mir die Möglichkeit, dabei an die scharfe Laura zu denken, ja als zusätzliches Stimulans bleibt. Erst vor Kurzem habe ich irgendwo gelesen, dass die meisten Männer, vor allem, wenn sie älter werden, mit dem Trick, sich bei der geschlechtlichen Betätigung vorzustellen, die Partnerin wäre anstelle der Ehefrau eine superheiße 20-Jährige, ihrer Leistungsfähigkeit auf die Sprünge helfen. Da sollte das doch auch bei mir klappen.

Am Abend fühle ich mich von der langen Reise, dem Einkauf in der Apotheke und dem stressigen Test im Zug zu erschöpft, um gleich zur Sache zu kommen. Doch morgen ist Samstag, da gilt es! Den ganzen Tag kann ich an nichts anderes denken als an den bevorstehenden Sex mit Hulda. Die wird staunen! Zwischendurch teste ich immer mal wieder, ob ich mir Laura Penisetti in allen möglichen lasziven

Posen spontan ins Gedächtnis rufen kann, und bin jedes Mal froh, dass das problemlos funktioniert. Die *Viagra*-Packung verstecke ich in meinem Schreibtisch. Vorher habe ich zwei Tabletten entnommen und im Badezimmer-Hängeschrank hinter meinem Rasierzeug versteckt. Doch dann ist mir der alte Spruch »Viel hilft viel« in den Sinn gekommen, und ich habe noch eine dritte dazugelegt. Drei Kopfschmerztabletten wirken auch besser als eine oder zwei. Warum soll das bei Potenzmitteln anders sein? Besser kein Risiko eingehen!

Üblicherweise gehen wir so gegen halb elf ins Bett, da werde ich die blauen Dinger eine Stunde vorher schlucken. Inzwischen bemühe ich mich nach Kräften, mich so unauffällig wie möglich zu benehmen. Obwohl mir die Anspannung sämtliche Eingeweide verkrampft wie die Angst vor einer entscheidenden Prüfung. Doch Hulda darf auf keinen Fall merken, dass irgendetwas Ungewöhnliches im Busch ist. Wie immer lächle ich sie bei unseren Begegnungen in der Wohnung freundlich an, und wie immer lächelt sie ebenso liebenswürdig zurück.

Doch dann, als ich im Radio wie jeden Tag gerade die 17-Uhr-Nachrichten gehört habe, kommt sie plötzlich zu mir, setzt sich neben mich auf das Sofa und blickt mir direkt in die Augen. Das Lächeln, das sie dabei aufsetzt, ist ganz anders als sonst üblich: eine Mischung aus dankbarer Freude und heimlicher Belustigung. Dann zieht sie aus ihrer Jeanstasche einen Zettel hervor und hält ihn mir vors Gesicht. Und mir bleibt die Luft weg. Der *Viagra*-Beipackzettel! Hat sie doch ausgerechnet *die* Hose für die Wäsche aussortiert, die ich gestern bei meinem Frankfurt-Trip getragen habe. Und bei ihr, wie bei allen Kleidungsstücken, bevor sie sie in die Waschmaschine steckt, sorgfältig sämtliche Taschen geleert. Kann ich ihr deswegen einen Vorwurf machen? Natürlich nicht! Der Obertrottel bin einzig und allein ich. Wie konnte ich nur so doof sein und den verräterischen Wisch einfach in die Hosentasche stecken! Das hätte nie und nimmer passieren dürfen, Laura Penisetti hin oder her.

»Ist von dir ja wirklich lieb gemeint«, säuselt sie und schmiegt sich eng an mich. »Aber die Sache mit dem Flohmarkt habe ich dir von Anfang an nicht abgenommen. Und erst recht nicht, nachdem du ohne neue Büste nach Hause gekommen bist. Dass du von einem solchen Markt nichts heimschleppst, ist seit Jahren nicht mehr vorgekommen. Zumal der in Frankfurt ja angeblich besonders groß war und damit auch ergiebig hätte sein müssen. Aber weißt du was ...«, flüstert sie mir ins Ohr, »... du brauchst dich wirklich nicht zu bemühen. Auf echten Sex bin ich schon eine ganze Weile nicht mehr scharf. Alles hat seine Zeit. Das ist wie ... wie ...« – mit nach oben gedrehten Augen sucht sie nach einem passenden Vergleich – »wie mit den Jahrmärkten. Da haben wir doch früher nicht einen einzigen ausgelassen. Selbst wenn er ein ganzes Stück weit entfernt stattfand. Und heute? Da müsstest du mich schon gewaltsam zwingen, mich in so einen Rummel zu stürzen. Oder denk doch an deine Motorradfahrerei.«

Ich nicke bestätigend. Tatsächlich bin ich noch bis Ende 60 mit meiner 1100er-BMW leidenschaftlich gern durch die Gegend gebrummt. Und ein paarmal hat sich Hulda sogar überreden lassen mitzufahren. Doch dann war es mit dem Spaß am Biken – keine Ahnung, warum – von einer Woche auf die andere vorbei. Ich habe die Maschine verkauft und kann seither anderen Motorradfahrern ohne eine Spur von Das-würde-ich-jetzt-auch-gern-tun-Neid hinterhersehen.

»Heißt das«, frage ich und spüre, wie mir die berühmte Zentnerlast vom Herzen fällt, »du hast neulich, als wir die Nummer für unsere Nachbarn abgezogen haben, gar nicht wirklich bedauert, dass das alles nur Show war?«

Sie rückt ein wenig von mir ab. »Hattest du den Eindruck?«

»Ja, schon«, brumme ich. »Aber da habe ich mich dann ja wohl getäuscht.«

»Ja, mein Lieber, das hast du.« Sie denkt einen Moment schweigend nach, dann: »Aber wenn du dich schon mental auf eine heiße Nummer heute Abend eingestellt hast, warum wiederholen wir dann nicht einfach die Vorführung von neulich? Das macht doch auch irre Spaß, oder?«

Ich umarme sie und ziehe sie eng an mich. »Superidee! Wenn schon kein richtiger Sex, dann wenigstens fiktiver.« Und dabei geht mir durch den Kopf, dass ich da auch Laura Penisetti nicht nötig habe. Und das Geld für die blauen Dinger – die sind ganz schön teuer – kann ich mir künftig auch sparen.

Aber was mache ich mit der Packung, die ich mir nun mal mit beträchtlichem Aufwand beschafft habe? In der Zeitung unter *Verkaufsangebote* inserieren? Keine gute Idee. Im Internet anbieten? Keine Ahnung, wie das geht. Und Hulda oder Helmine mag ich natürlich nicht bitten. Da kommt mir die rettende Idee: der Zoo! Ich werde sie an irgendwelche Tiere verfüttern. Vielleicht an die Nasenaffen? Besser nicht. Die sind ohnehin die reinsten Lustbolzen und treiben es auch so schon den ganzen Tag miteinander. Die haben medikamentöse Unterstützung am wenigsten nötig. Nein, ich werde die Tabletten in einen anderen Affenkäfig werfen. Und zwar in den der langmähnigen Bärenstummelaffen. Bei denen wartet der Zoo doch laut Zeitung seit Jahren vergeblich auf Nachwuchs. Vielleicht liegt das ja gerade an ihrem namensgebenden Stummel. Da würde *Viagra* doch bestimmt helfen.

Ein Locus nach dem anderen

Die Botschaft ist mehr als deutlich. Hulda hat mir aus der Stadt ein Buch mitgebracht. Ein Buch, bei dessen Anblick sie, wie sie mir lächelnd erzählt, spontan an mich gedacht hat. Der Titel: *Ein Gedächtnis wie ein Computer – Wichtiges nie mehr vergessen.*

Ich will es auch gar nicht leugnen: Sie hat recht. Genau so etwas kann ich wirklich gut gebrauchen. Denn mein Merkvermögen nimmt seit einiger Zeit rapide ab. Erst letzte Woche habe ich nach einem Einkauf in der Stadt mal wieder vergessen, wo ich mein Auto geparkt hatte. Ich wusste nur noch, dass es in irgendeinem Parkhaus stand. Aber in welchem? Nachdem auch noch so intensives Grübeln nicht weiterhalf, blieb mir nichts anderes übrig, als die sechs Parkhäuser unserer Stadt eines nach dem anderen abzuklappern. Doch das erwies sich als gar nicht so einfach. Denn als ich aus dem vierten – leider auch da ohne Ergebnis – wieder auf die Straße trat, hatte ich blöderweise vergessen, in welchem ich zuerst nachgesehen hatte. Erst als ich dort vor einem gelben Kleintransporter mit der Aufschrift *Käse von Frank – Geschmack statt Gestank* stand, wurde mir klar, dass ich diesen Wagen vorhin schon mal gesehen, dass ich besagtes Gebäude also bereits abgesucht hatte.

Natürlich stand mein Auto im letzten Parkhaus, das ich Stockwerk für Stockwerk durchstreifte. Fast hatte ich die Hoffnung, es noch zu finden, schon aufgegeben, da erspähte ich es auf dem obersten Parkdeck. Maßlos erleichtert schloss ich auf und stieg ein. Doch da stand ich schon vor dem nächsten Problem: Wo zum Kuckuck hatte ich den Parkschein hingesteckt? Nach langem Suchen fand ich ihn schließlich im Fach für die Sonnenbrille. Dafür lag die – keine Ahnung, wie sie dahin gekommen ist – im Kofferraum. Fatalerweise befinden sich die Kassenautomaten in besagtem Parkhaus allesamt im Erdgeschoss. Und der Aufzug war natürlich kaputt. Als ich das zähneknirschend registrierte, erinnerte ich mich auf einmal wieder, dass ich vorhin, nachdem ich das Auto abgestellt hatte, laut geflucht hatte, weil ich die Treppen benutzen musste. Denn Treppab-Gehen ist für mein linkes Knie seit der verkorksten Wanderung eine Tortur.

Kurzum: Eine knappe halbe Stunde später verließ ich das Parkhaus, nachdem ich mir beim Hinunterfahren immer wieder »linke Gesäßtasche« vorgesagt hatte, um nur ja nicht vor der Schranke schon wieder nach dem blöden Wisch suchen zu müssen.

Auch wenn ich es nicht wahrhaben will, Hulda hat sich schon etwas dabei gedacht, mir ausgerechnet dieses Buch zu schenken. Umgehend schlage ich es auf und beginne zu lesen. Und es dauert nicht lange, da habe ich die für mich optimale Technik zur Steigerung der Merkleistung gefunden: die *Loci-Methode*. Die würde praktisch von sämtlichen Gedächtniskünstlern weltweit angewandt, steht da. Da kann sie ja für mich nicht verkehrt sein. Die Bezeichnung für das erprobte Verfahren, lese ich interessiert, geht auf das lateinische Wort *locus* für *Ort* zurück. Weil man dabei das, was man sich einprägen will, mit bestimmten Orten verknüpfen muss, und zwar in der Reihenfolge, in der diese aufeinander folgen. Das klingt nachvollziehbar und ist offenbar auch nicht allzu schwierig.

Schon am übernächsten Tag habe ich Gelegenheit, das Ganze praktisch zu erproben. Da will ich nämlich in der Stadtbücherei ein vorbestelltes Buch abholen. Und Hulda hat mich gebeten, bei der Gelegenheit gleich noch ein paar andere Besorgungen mit zu erledigen. Eine Glückwunschkarte für den Geburtstag einer Bekannten braucht sie, und dann soll ich noch zwei Hemden von der Reinigung mitbringen. Sie drückt mir den Abholschein in die Hand und ermahnt mich eindringlich, den ja nicht zu verlieren. Außerdem erinnert sie mich daran, dass ich schon seit Längerem die Nasenauflagen meiner Brille reparieren lassen will. Der Optiker sei doch gleich neben der Bücherei, meint sie, da biete es sich doch geradezu an, auch noch bei dem vorbeizuschauen. Und schließlich werde es höchste Zeit, das Kleingeld für die Enkel zählen und in Scheine tauschen zu lassen. Sie habe ihnen versprochen, ihnen ihren Anteil bis zum Wochenende auszuzahlen. Dazu muss man wissen, dass wir Kupfer-, aber auch andere Münzen, die den Geldbeutel unnötig dick machen, so lange in ein Kästchen in der Küche werfen, bis der Behälter rappelvoll ist. Dann bringen wir den Inhalt zur Bank und lassen uns den Gesamtbetrag in vier gleich großen Anteilen auszahlen. Die bekommen dann die Enkel. So an die 20 Euro für jeden kommen dabei regelmäßig zusammen.

Fünf Aufgaben sind also zu erledigen. Sicherheitshalber notiere ich sie auf einem Zettel, nehme mir jedoch vor, den nur im äußersten Notfall zurate zu ziehen. Es wäre doch gelacht, wenn ich das mit der *Loci-Methode* nicht hinbekäme. Laut Beschreibung muss ich mir für jede Erledigung eine möglichst skurrile und damit einprägsame Assoziation einfallen lassen und diese gedanklich mit Stationen eines virtuellen Raums oder Weges verknüpfen. Eines Raums oder Weges, der mir bestens vertraut ist. Ideal sei es, lese ich, wenn die Assoziationen irgendwie zu den Örtlichkeiten, den *Loci*, passen würden.

Also, dann mal los! Kurz erwäge ich, diverse Plätze in unserem Reihenhaus auszuwählen, doch dann entscheide ich mich für den Weg, den ich viele Jahre lang Morgen für Morgen Richtung Humperdinck-Gymnasium gegangen bin. Auf dem kenne ich jedes Haus, jeden Baum, ja praktisch jeden Pflasterstein. Fünf Loci für meine fünf Besorgungen sind da schnell gefunden. Da ist zuerst der Kreisverkehr am Ende unserer Straße, dann der Seiteneingang zum Friedhof und weiter unten der große Supermarkt. Dort muss ich gedanklich rechts abbiegen und passiere gleich darauf als vierte Örtlichkeit die Apotheke, um schließlich an der Schule, Locus Nummer fünf, anzukommen.

Nach weiterem intensiven Nachdenken – schließlich bin ich in dieser speziellen Form der Mnemotechnik blutiger Anfänger und brauche entsprechend lange, um mir alles zurechtzulegen – präge ich mir die folgenden fünf Ort-Ereignis-Bezüge ein: Die Münzen für die Kinder stelle ich mir als riesige kreisförmige Rahmen vor, durch die mich Fratzen von Teufeln und Geistern anstarren. Das müsste doch skurril genug sein, um sich mir dauerhaft einzuprägen. Und vor allem: Das Bild passt perfekt zum Kreisverkehr.

Locus Nummer zwei ist der Friedhof. Da male ich mir gedanklich aus – darüber muss ich selbst schmunzeln –, dass die Leichen vor der Bestattung noch mal gründlich gewaschen werden. In einer riesigen Waschmaschine. Womit eine, wie ich finde, geradezu geniale Assoziation zur Reinigung und den dort abzuholenden Hemden hergestellt wäre.

Dem Supermarkt ordne ich die Brillenreparatur zu. Und zwar, indem ich mir intensiv vorstelle, dass es in den Gängen zwischen den Regalen von Schlangen nur so wimmelt – und zwar von Brillenschlangen! Supermarkt – Brillenschlange – Brille – Optiker. Perfekt!

Nach dem Markt komme ich auf meinem virtuellen Weg an der Apotheke vorbei. Die muss ich irgendwie mit der Glückwunschkarte verknüpfen, denn das abzuholende Buch passt natürlich ideal zur Schule. Aber was hat eine Apotheke mit Glückwunschkarten zu tun? Ich denke intensiv nach, verwerfe die eine oder andere Idee und entscheide mich schließlich für folgende Gedankenkette: Die Glückwünsche sind für ein rundes Jubiläum, vielleicht eine 100-Jahr-Feier, bei der sich die Gäste gnadenlos überfressen und viel zu viel trinken. Als Folge der Maßlosigkeit wird es ihnen speiübel und sie müssen sich in der Apotheke Medikamente besorgen, damit es ihnen wieder besser geht. Das kann ich mir mit Sicherheit problemlos merken.

Womit zum Schluss nur noch das Buch übrig bleibt, das ich mir als zerfleddertes Exemplar vorstelle, wie ich es so oft bei meinen Schülern gesehen habe. Schule – Schüler – Buch. Fertig! Jetzt kann nichts mehr schiefgehen.

Vergnügt pfeifend setze ich mich ins Auto und fahre ins Stadtzentrum, wo ich den Wagen in einem Parkhaus abstelle. Sicherheitshalber notiere ich mir auf einem Zettel dessen Namen und die Nummer des Stellplatzes und stecke den Wisch in die Brusttasche meines Hemdes. Und in beide Hosentaschen schiebe ich zwei weitere Zettel mit der Aufschrift *Hemdbrusttasche*. Sicher ist sicher! Die Gefahr, dass ich mein Auto nicht mehr wiederfinde, ist damit definitiv gebannt. Wie hat schon mein früherer Mathelehrer immer gesagt? »Man darf getrost Fehler machen. Aber bitte jeden nur einmal.«

Dann beginne ich mit der virtuellen Tour entlang meines ehemaligen Schulweges. Da ist zuerst der Kreisverkehr. Was will mir der noch mal sagen? Kreis ... Kreis ... Kreis ... Irgendetwas Rundes ist es, daran erinnere ich mich noch genau. Aber was? Dann die Erleuchtung: na klar, die Brillengläser. Geht doch. Also nichts wie ab zum Optiker. Auf dem Weg dorthin komme ich an unserer Bank vorbei und beschließe spontan, 100 Euro aus dem Automaten zu holen. Fürs Wochenende. Als ich die zwei 50er in meinem Geldbeutel verstaue, kommt mir plötzlich die Erleuchtung: Ich soll ja die Münzen für die Enkel einzahlen. Und dabei fällt mir zu meiner Erleichterung wieder ein, dass ich die und nicht die Brillengläser mit dem Kreisverkehr verknüpft habe. Na ja, das hat zwar nicht perfekt, aber immerhin am Ende doch noch funktioniert.

Dann der Friedhof. Bei dem Gedanken daran muss ich schmunzeln. Denn sofort kommt mir die überdimensionale Waschmaschine in den Sinn, in der die Toten ihrer letzten Reinigung unterzogen werden. Doch das Schmunzeln vergeht mir, als mir partout nicht einfallen will, was es mit dem Monsterteil auf sich hat. Soll ich vielleicht ein Waschmittel mitbringen? Oder Klarspüler? Nein, das kann es nicht sein, das erledigt Hulda grundsätzlich selbst. War da nicht etwas mit einer Karte? Vielleicht einer Kondolenzkarte? Das würde zum Friedhof passen, aber was soll dann die Waschmaschine? Ich grüble und grüble, doch mir fällt dazu beim besten Willen nichts ein. Da bleibt mir wohl nichts anderes übrig, als den Friedhof und was immer er mir sagen soll, erst mal hintanzustellen. Spätestens dann, wenn ich alles andere erledigt habe, wird mir das fehlende Glied in der Kette bestimmt wieder einfallen.

Also weiter auf meinem virtuellen Weg. Gleich nach dem Friedhof kommt ein Schreibwarengeschäft, in dem man auch Bücher erwerben kann. Die Assoziation ist einfach: das Buch, das in der Stadtbibliothek auf mich wartet. Also nichts wie hin. Zehn Minuten später halte ich es in Händen.

Dann der Supermarkt. Da war doch irgendein Viehzeug, das darin rumgekrochen ist. Richtig: Schlangen! Wie eklig! Aber woran sollen sie mich erinnern? Plötzlich die Erleuchtung: Schlangen haben Schuppen, und Hulda hat mich schon mehrfach aufgefordert, doch endlich etwas gegen meine Schuppen zu unternehmen, die ständig meine Kleidung, vor allem im Schulterbereich, weiß sprenkeln. Also ab in den nächsten Drogeriemarkt. Aber stand der überhaupt auf meiner – wie Harvey sagen würde: To-do-Liste? Nein, mit den Schlangen muss es eine andere Bewandtnis haben. Aber welche? Da schießt mir der Gedanke durch den Kopf, dass es ganz spezielle Schlangen waren. Irgendein Attribut hatten die, das mich, wenn es mir denn endlich einfiele, entscheidend voranbringen würde. Waren es vielleicht Kreuzottern? Das würde immerhin einen Sinn ergeben. Denn bei Kreuz denkt man doch sofort an Friedhof. Aber was ist dann mit der Riesenwaschmaschine?

Ich beschließe, die Schlangen vorerst mal Schlangen sein zu lassen und setze meinen gedanklichen Weg fort. Und der führt als Nächstes eindeutig an der Apotheke vorbei. Sollte die mich nicht daran erinnern, dass ich irgendetwas Bestelltes abholen muss? Wie man das ja bei Medikamenten auch immer wieder mal tut? Aber was? Na klar, die Hemden! Erleichtert setze ich mich in Trab und betrete gleich darauf die Reinigung. Doch wo ist der Abholschein? Ich suche ihn in meinen Hosentaschen und finde in beiden jeweils einen Zettel mit der Aufschrift *Hemdbrusttasche*. Ach, *da* ist der blöde Wisch! Nein, ist er leider nicht. Das Einzige, was ich hervorziehe, ist der Parkschein. Aber der nützt mir hier natürlich gar nichts. Schließlich bietet mir die Angestellte an, das Päckchen mit den Hemden dann eben unter meinem Namen zu suchen. Das sei zwar erheblich mühsamer als unter der Abholscheinnummer, gehe aber zur Not auch. Seufzend macht sie sich auf die Suche. Eine knappe halbe Stunde später schiebt sie mir die eingepackten Hemden über den Tresen. Der Name Humpff darauf ist nicht zu übersehen. Als ich meinen Geldbeutel aufklappe, um einen Zehner zur Bezahlung herauszuholen, lacht mir zwischen den Scheinen der dämliche Abholwisch entgegen. Aber den brauche ich jetzt auch nicht mehr. Schulterzuckend »Tut mir leid« nuschelnd, halte ich ihn der jungen Dame unter die Nase. Die schnauft hörbar und verdreht ihre Augen bis zum Anschlag, kontrolliert dann aber doch der Ordnung halber die Nummer. So viel zum Thema Hemden.

Ich versuche, den peinlichen Vorfall zu vergessen und mich wieder auf meine gedankliche Tour zu begeben. Da bleibt zum Schluss nur noch die Schule. Doch die wäre nach dem Kreisverkehr, dem Friedhof, dem Schreibwarenladen, dem Supermarkt und der Apotheke schon Locus Nummer sechs. Und mehr als fünf waren es nicht, da bin ich mir absolut sicher. Aber genauso sicher bin ich mir auch, dass ich irgendetwas mit dem Gymnasium verknüpft habe. Doch was?

Auf einmal habe ich keine Lust mehr. Soll die blöde *Loci-Methode* doch anwenden, wer will. Ich habe jedenfalls die Nase gestrichen voll. Ich will endlich meine Besorgungen zu Ende bringen und dann nur noch eines: ab nach Hause. Gott sei Dank habe ich mir sicherheitshalber alles, was zu erledigen ist, aufgeschrieben. Doch da durchzuckt mich eine niederschmetternde Erkenntnis. Den Zettel habe ich zu Hause auf das Schränkchen neben der Eingangstür gelegt. Und da liegt er, da bin ich mir auch ohne Mnemotechnik hundertprozentig sicher, noch immer.

Dem Gedächtnis Beine machen

»So kann das auf keinen Fall weitergehen«, verkündet Hulda kategorisch, als ich ihr am nächsten Tag beim Frühstück von meinem Misserfolg mit der *Loci-Methode* berichte. »Du musst in puncto Gedächtnis unbedingt etwas unternehmen. Sonst dauert es nicht mehr lang, und du bist total dement.«

Dement! Das Wort trifft mich wie ein Schuss. Ich und dement! Doch je mehr ich nachdenke, desto klarer wird mir, dass meine liebe Frau gar nicht mal so unrecht hat. Ich kann mir schlichtweg nichts mehr merken. Ich muss nur an gestern denken. Da begrüßte mich der Inhaber der Tankstelle, bei der ich seit einer Ewigkeit Kunde bin, wie immer mit einem freundlichen »Guten Tag, Herr Humpff«. Und ich konnte nur mit einem nichtssagenden und zudem überaus unhöflichen »Hallo« antworten, weil ich mich blöderweise nicht an seinen Namen erinnerte. An einen Namen wohlgemerkt, den ich schon tausendmal benutzt hatte. Das gab mir schon sehr zu denken. Und wie war das noch letzte Woche? Da musste ich bei der Frage eines Bekannten nach meiner Telefonnummer hilflos mit den Schultern zucken, weil mir die Zahlenfolge trotz intensiven Nachdenkens partout nicht einfallen wollte.

Das war mindestens so peinlich wie die Sache mit dem Kontoeröffnungsantrag bei der Bank ein paar Tage vorher. Als mich der Angestellte nach meinem Geburtsdatum fragte und ich meinen Personalausweis zurate ziehen musste, weil ich mir auf einmal nicht mehr sicher war, ob ich jetzt am 11.10. oder am 10.11. geboren bin. Das blöde Grinsen des geschniegelten Typs werde ich so schnell nicht vergessen.

Peinlich, wenn auch nur für mich, war im letzten Monat auch, dass ich auf einem Flohmarkt eine wunderschöne Büste von Friedrich Barbarossa entdeckt hatte und mich beim besten Willen nicht erinnern konnte, ob die in meiner Sammlung schon vorhanden war oder nicht. Schließlich habe ich sie gekauft und bin nun stolzer Besitzer zweier absolut identischer Exemplare – die ich in meiner Vitrine natürlich weit auseinander gestellt habe, damit niemand, der sich meine Kollektion ansieht, merkt, was für ein Trottel ich bin.

Während ich so über meine sich häufenden Fälle von Gedächtnisschwäche nachdenke und mich dabei immer mehr schäme, legt Hulda plötzlich die neueste Ausgabe der *Apotheken-Umschau* vor mir auf den Tisch. »Hier, lies mal.«

Sie hat die Seite, um die es ihr geht, schon aufgeschlagen, und so springt mir die dicke Überschrift geradezu in die Augen: *Gehirnjogging – dem Gedächtnis Beine machen.* Und während Hulda das Frühstücksgeschirr abräumt, beginne ich zu lesen. Dass das Merkvermögen mit fortschreitendem Alter nachlasse, steht da, sei im Grunde ganz normal. Schließlich stürben Tag für Tag immer mehr Gehirnzellen ab. Das lasse sich jedoch wirksam verhindern. Aktuelle Forschungen hätten nämlich einwandfrei ergeben, dass sich Neuronen und Synapsen bis zum Tod immer wieder neu bilden können, sofern man sein Denkorgan immer aufs Neue intensiv fordere. Das funktioniere genau wie mit den Beinmuskelzellen beim Joggen. Weshalb man das gezielte Gedächtnistraining auch *Gehirnjogging* nenne.

Das klingt ja wirklich interessant. Gespannt lese ich weiter und erfahre, dass es im Grunde gar nicht so wichtig ist, womit man seine Neuronen auf Trab hält, Hauptsache, man tut es regelmäßig und ausdauernd. Demnach ist es zum Beispiel überaus empfehlenswert, im Alter eine neue Sprache zu lernen. Sich Vokabeln und Grammatikregeln einzuprägen, erfahre ich, sei für das Gehirn ein regelrechter Jungbrunnen. Dass man sich dabei quasi nebenbei in die Lage versetze, im Ausland mit den Einheimischen in ihrer Muttersprache zu kommunizieren, sei ein zwar erfreulicher, aber im Hinblick auf das Gedächtnistraining eher zweitrangiger Nebeneffekt.

Ich lege das Heft auf den Esstisch und denke nach. Soll ich vielleicht tatsächlich Italienisch, Spanisch oder – warum nicht? – Chinesisch lernen? In Gedanken schüttle ich den Kopf. Nein, das ist nichts für mich. Ich habe mich schon als Schüler mit Fremdsprachen schwergetan und es in Englisch und Französisch nie über eine Vier hinausgebracht. Aber vielleicht gibt es ja noch eine andere wirksame Methode.

Die gibt es laut *Apotheken-Umschau* tatsächlich: das gezielte Auswendiglernen langer und schwieriger Texte. Schillers Balladen sind da offenbar sehr zu empfehlen, aber auch der Wortlaut des *Novellierungsgesetzes zur Reduktion der Benutzung fremdsprachlicher Ausdrücke in amtlichen Verordnungen über die ökologische Nutzung nicht bebauter Randstreifen von Feldern und Äckern sowie feuchtigkeitsbedingter Brachflächen im östlichen Mecklenburg-Vorpommern*. Doch auch da muss ich leider den Kopf schütteln. Gedichte und Balladen habe ich während meiner aktiven Deutschlehrerzeit weiß Gott zur Genüge gelernt, und Texte in gestelztem Juristenjargon widern mich seit jeher an.

Aber es muss doch etwas geben, das auswendig zu lernen Spaß macht. So etwas wäre doch geradezu ein Musterbeispiel für das Ideal, das Angenehme mit dem Nützlichen zu verbinden. Also lege ich die *Apotheken-Umschau* zur Seite und denke intensiv nach. Und da fällt mir auf einmal der vorgestrige Abend ein. Da gab es im Fernsehen den Uralt-Klassiker *Die Feuerzangenbowle* mit Heinz Rühmann in der Hauptrolle, einen Film, den ich bestimmt schon 20-mal gesehen habe und bei dem ich weite Teile der heiteren Dialoge aus dem Gedächtnis mitsprechen kann. Das habe ich dann auch permanent getan und damit Hulda, wie sie mir mehrfach zornsprühend vorgehalten hat, den ganzen Spaß verdorben. Den Film werde ich mir in der Stadtbibliothek ausleihen und mir die Dialoge, die ich noch nicht im Kopf habe, Wort für Wort einprägen, bis ich den Text von Anfang bis Ende auswendig kann.

Schon am nächsten Tag fange ich an. Zum Glück steht der Fernseher bei uns im Gästezimmer, da störe ich niemanden. Ich schiebe die DVD in den Rekorder und lege los. Übertrieben laut und deutlich, damit der Reiz für das Gehirn, neuronale Anpassungs- und Umbauaktionen vorzunehmen, möglichst intensiv ist. So wie ich es früher meinen Schülern beigebracht habe. Hulda, die sich sonst ständig darüber aufregt, dass der Fernseher, wenn ich mir etwas ansehe, regelrecht brüllt, sitzt ja zum Glück nicht neben mir. Zwischendurch muss ich immer wieder Pausen machen, weil ich bei etlichen Szenen nicht anders kann, als lauthals zu lachen. Etwa wenn der greise Bömmel, nachdem er seinen Schuh mit den Worten »Wenn ich de Saujung krich, de mich de Schuh wechjetan hat« gesucht und schließlich im Schwammkasten wiedergefunden hat, enttäuscht hervorstößt: »Bah, wat habt ihr für 'ne fiese Charakter.«

Bei meinem ersten meckernden Lacher kommt Hulda erschrocken ins Zimmer gestürzt und fragt, ob bei mir alles in Ordnung sei. Was ich entschieden bejahe. Danach lässt sie mich in Ruhe. So kann ich auch einen anderen Tipp, den ich meinen Schülern seinerzeit zur Lernerleichterung gegeben habe, getrost in die Tat umsetzen, ohne befürchten zu müssen, dass meine Frau mich für geisteskrank hält: Ich ahme die Schauspieler so gut es geht nach, das heißt, ich spiele gewissermaßen mit. Laut pädagogischer Forschung prägen sich durch dieses Zusammenwirken von Körper und Gehirn auch komplizierteste Textpassagen quasi mühelos ein.

Blöderweise öffnet sich gerade in dem Moment, in dem ich den Schüler Pfeiffer – mit drei F – nach dem Genuss von Heidelbeerlikör originalgetreu, das heißt reichlich betrunken, mime, die Tür und Helmine kommt hereingehüpft.

Zuerst erschrickt sie sichtbar, dann stößt sie kichernd hervor: »Was geht denn hier ab? Opa, alles in Ordnung mit dir?«

Ich halte in meiner zweifellos gelungenen Darbietung inne und beruhige sie: »So was hilft enorm beim Auswendiglernen. Solltest du auch mal probieren.«

»Mama würde das schrille Kreischen kriegen«, erwidert sie, vor Vergnügen prustend. »Die würde denken, ich hätte sie nicht mehr alle.« Dann, nach einer kurzen Pause: »Heißt das, du bist dabei, etwas auswendig zu lernen?«

»Ganz genau«, erwidere ich und erkläre ihr ehrlich, was ich vorhabe, und vor allem, warum.

»Och«, meint sie nach kurzem Nachdenken, »so schlimm fand ich deine Aussetzer bisher eigentlich gar nicht. Eher lustig. Obwohl ...«

»Obwohl was?«

Sie kichert vergnügt in sich hinein. »Obwohl die Sache mit euren Nachbarn neulich schon stark war.«

Mir fährt ein eisiger Schreck durch die Glieder. »Erinnere mich bloß nicht daran! Wieso weißt du überhaupt davon?«

»Oma hat es Hilli« – so nennt sie seit jeher ihre Schwester Hilaria – »und mir erzählt. War echt eine krasse Nummer.«

Ich erinnere mich höchst ungern an den Vorfall. Hulda und ich waren bei einem benachbarten Ehepaar, das noch nicht lange in der Siedlung wohnt und dem wir beim Einzug geholfen haben, zum Grillen eingeladen. Die beiden stammen aus Indonesien und heißen mit Familiennamen Sukarnoputri, was ich mir, wenn ich jetzt darüber nachdenke, überraschend schnell eingeprägt habe. Beim Einräumen ihrer

Möbel haben sie uns in erstaunlich gutem Deutsch erzählt, dass sie zwar schon lange hier leben, aber nach wie vor überzeugte Moslems sind und ihre Religion mit allem, was dazugehört, konsequent praktizieren. Und was bringe ich Depp ihnen als Gastgeschenk mit? Ein großes Stück Schweinelende zum Grillen und eine Flasche Doppelkorn zur Verdauung. Und töne dabei auch noch aus voller Brust: »Es geht doch nichts über ein deftiges Stück Fleisch und reichlich Hochprozentiges hinterher. Lassen Sie es sich schmecken!« Wo ich doch ganz genau weiß, dass Moslems weder Schweinefleisch essen noch Alkohol trinken. Hulda, die mir die Besorgung des Präsents überlassen hat, fällt fast in Ohnmacht vor Schreck, und ich würde – als ich meinen Fauxpas bemerke – am liebsten auf der Stelle im Erdboden versinken.

»Ja, das war kein Meisterstück«, bekenne ich zerknirscht. »Ich hatte schlicht nicht mehr daran gedacht, dass die beiden Moslems sind.«

»Kann doch jedem mal passieren«, versucht Helmine, mich zu trösten. Doch ich spüre, wie mir die Erinnerung an den mehr als blamablen Vorfall auch jetzt noch die Schamröte ins Gesicht treibt.

»Du siehst«, erkläre ich, nachdem ich mit Mühe meine Fassung wiedergewonnen habe, »ein intensives Gedächtnistraining kann mir gewiss nicht schaden.«

»Na, dann viel Erfolg«, sagt sie, noch immer lachend. »Du wirst schon wissen, was du tust.« Sie haucht mir einen Kuss auf die Wange und ist im selben Augenblick schon wieder verschwunden. Was sie eigentlich von mir wollte, hat sie mit keinem Wort erwähnt.

Nachdem ich mit der *Feuerzangenbowle* durch bin, wobei ich mir manche Szenen zwei-, dreimal angeschaut und sämtliche Dialoge akkurat mitgesprochen habe, fange ich wieder von vorne an. Und registriere mit Genugtuung, dass ich schon deutlich mehr Text gespeichert habe. Scheint doch noch nicht ganz hinüber zu sein, mein

Gedächtnis. Ich muss halt nur fleißig weitertrainieren. Dann werden die Neuronen und Synapsen schon wieder auf Trab kommen. Wie würde Hulda sagen? »Übung macht den Könner.«

Tatsächlich dauert es gerade mal zwei Wochen, in denen ich den Film exakt 34-mal angesehen habe, dann kann ich das, was die Akteure sagen, von vorne bis hinten wortwörtlich mitsprechen. Wobei ich selbst noch beim letzten Durchgang massive Probleme habe, bei bestimmten Szenen ernst zu bleiben und genau zuzuhören, was gesagt wird. Ja, es wird sogar von Mal zu Mal schlimmer. Schon allein zu wissen, dass der Schulrat gleich wieder »Unterricht mit Humor gewürzt ..., gewürzt ... Muss auch sein ... sein« sagen wird, entlockt mir einen Lacher nach dem anderen und treibt mir die Tränen in die Augen.

Und dann sitze ich eines Tages im Lokal einer Autobahnraststätte, wo an der Wand ein leinwandgroßer Fernseher hängt. Und was läuft dort direkt nach der *Tagesschau?* Die *Feuerzangenbowle!* Kaum hat die Szene begonnen, in der die alten Herrn bei einem süffigen Getränk den Plan erörtern, einen von ihnen noch mal in die Schule zu schicken, da fange ich auch schon an, Wort für Wort mitzusprechen. Vollautomatisch sozusagen und gänzlich unbewusst. Dabei aber in der antrainierten Lautstärke und mit ausladenden Bewegungen die jeweiligen Handlungen der Akteure nachahmend.

Es dauert nicht einmal eine Minute, da macht sich im Lokal eine deutliche Unruhe bemerkbar. Und eine knappe Minute später ertönt ein scharfes »Psssst!«.

Ich drehe mich verstört um. Wieso psssst? Hier sagt doch niemand ein Wort. Und weit und breit ist kein Kind zu sehen, das vielleicht ermahnt worden ist, ruhig zu sein. Und ich selbst war doch nun wirklich mucksmäuschenstill, oder?

Also wende ich mich wieder dem Fernseher zu, in dem Heinz Rühmann gerade feierlich erklärt: »Ich wollte schon immer mal ein richtiger Junge sein ...« Ohne auch nur eine Sekunde nachzudenken, ja geradezu reflexhaft deklamiere ich mit: »... albern und ohne Sorgen.«

Da erhebt sich am Nachbartisch ein Mann. Ein Kerl wie ein Schrank, mit einem mächtigen, von einem schwarzen Bart umrahmten Schädel. Und der kommt zu mir rüber. Langsam beugt er sich zu mir herunter, dann sagt er mit einer Bassstimme wie aus einem Grab: »Wenn Sie nicht auf der Stelle das Maul halten, ist es für Sie mit dem Albern-und-ohne-Sorgen aus. Und zwar so was von!«

Ich habe zwar keine Ahnung, was der von mir will. Aber als ich mich umsehe, blicke ich in lauter zornrote Gesichter. Was haben die nur? Habe ich mich vielleicht im Text vertan? Das kann ich mir beim besten Willen nicht vorstellen, aber möglicherweise ist mein Gedächtnis doch noch nicht so gut, wie ich dachte.

Ob ich es vielleicht doch mal mit Chinesisch versuche?

Das Teufelsding

Heute ist mein Geburtstag. Der 77. Schon seit Wochen machen Hulda, Kinder und Enkel immer wieder geheimnisvolle Andeutungen, ich könne mich zu dem Schnapszahl-Jubiläum auf ein ganz besonderes Geschenk freuen. *Schnapszahl*, das betonen sie immer wieder. Das hat doch etwas zu bedeuten! Ich würde mich nicht wundern, wenn ich eine Fünf-Liter-Flasche Hochprozentiges bekäme, am liebsten Williams-Birnenbrand. Aber auch gegen Kirschschnaps oder Obstler hätte ich nichts einzuwenden. Bei dem Gedanken läuft mir das Wasser im Mund zusammen.

Nachmittags, zu Kaffee und Kuchen, kommen sie alle in unserem Reihenhäuschen zusammen: Hanna mit Hilaria und Helmine sowie Hannes mit Helen, Horatio und Harvey. Hulda hat Mandarinentorte und Marmorkuchen gebacken. Doch bevor wir uns alle an unseren Esstisch setzen, erst noch der große Moment: mein Jubiläumspräsent. Doch was ist das? In das kleine Päckchen, das mir die Sippschaft mit einem feierlich im Chor deklamierten »Für den besten Opa in ganz Europa« – reim dich, sonst fress ich dich! – überreicht, passt doch nie und nimmer eine voluminöse Flasche! Was mag das sein? Selbst für ein Buch, sonst das Standardgeschenk schlechthin, ist das Ding zu klein. Schmuck kommt ja wohl nicht infrage. Vielleicht ein edles Schreibset? Aber was soll ich damit? Oder ein Feuerzeug? Nein, die wissen doch ganz genau, dass ich nicht rauche. Eine Krawatte? Aber wann binde ich mir schon mal eine um? Außerdem wäre das zu dem Anlass ja wohl ein bisschen popelig.

Mit zitternden Fingern nestle ich an der Schleife herum und reiße das Geschenkpapier auf. Zum Vorschein kommt eine nobel wirkende Schachtel mit dem Bild eines angebissenen Apfels oben drauf. Ein angebissener Apfel! Schlagartig kommt mir die Erkenntnis, und in mir verknotet sich alles: ein neues Handy! Besser gesagt, so ein Teufelsding, auf das heutzutage vor allem die jungen Leute, wo immer sie auch sind, starren, als erhofften sie sich davon ihr Seelenheil.

»Aber ich hab doch schon ein Handy!«, stoße ich hervor, bevor ich mir auf die Zunge beißen kann. Wie kann ich nur so etwas sagen? Die ganze Familie schaut mich derart erwartungsvoll an, da darf ich ihnen doch nicht die Freude verderben. Doch zu meinem Erstaunen tue ich das offensichtlich in keinster Weise.

»Dein klobiges Teil«, lacht Horatio, »stammt ja noch aus dem Mittelalter. Mit so was hat schon Karl der Dicke seinen Untertanen seine königlichen Ratschlüsse übermittelt.«

»Ja«, stimmt Helmine mit einer wegwerfenden Handbewegung ein. »Wenn du das ans Ohr hältst, erwartet man, dass es gleich Rauchzeichen ausstößt.«

»Jetzt übertreibt aber nicht«, wende ich ein. »Ich komme mit dem Handy bestens zurecht. Außerdem tut ihr ja gerade so, als könnte man ohne die ständige Möglichkeit, überall anzurufen und angerufen zu werden, nicht leben. Als ich in eurem Alter war, hatten nur ganz wenige Leute überhaupt ein Telefon. Wenn man da jemandem eine dringende Nachricht überbringen wollte, tat man das per Telegramm.«

»Telegramm?«, fragt Helmine stirnrunzelnd. »Hab ich noch nie gehört.«

»Ja, da ging man zum nächsten Postamt und diktierte dem Beamten den Text. Der musste möglichst kurz sein, weil jedes Wort extra kostete. Dann wurde der Text per Fernschreiber – gibt es heute auch nicht mehr – an ein Postamt in der Nähe des Empfängers geschickt und diesem per Motorradboten überbracht.«

»Krass!«, entfährt es Horatio. »Das muss ja eine Ewigkeit gedauert haben.«

Ich nicke bestätigend. »Ein paar Stunden gingen da schon drauf. Und wenn man dem Postbeamten den Text telefonisch durchgab, bestand immer die Gefahr, dass er ihn nicht richtig verstand und dann falsch übermittelte.« Plötzlich muss ich laut lachen. »Ich erinnere mich noch, wie eine Nachbarin – das hat sie mir später selbst erzählt – ein Kind bekommen hat und dies ihren Eltern, die kein Telefon hatten, per Telegramm mitteilen wollte. Der Text sollte eigentlich ...« – ich denke eine Weile angestrengt nach – »... ach ja, der sollte eigentlich *Unsere Pia ist geboren, Mutter und Kind wohlauf* lauten. Da müssen sich die Eltern ganz schön gewundert haben, als sie auf dem Telegrammformular lasen: *Unser Bier ist erfroren, Butter und Kohl auch.*«

Während alle schallend lachen, nehme ich das neue Gerät zur Hand. Schick ist es, das muss man ihm lassen. So schön flach und handlich. Und ich weiß, dass die Dinger nicht billig sind. Da hat sich die Familie ganz schön in Unkosten gestürzt. Nicht auszudenken, wenn sie das ganze Geld in Schnaps angelegt hätten ...

Nachdem alle dem Kaffee, dem Kuchen und die Kinder auch dem Cola reichlich zugesprochen haben, meint Hilaria: »So, dann los. Her mit dem Teil! Wir erklären dir jetzt die ersten Schritte: Was du unbedingt wissen musst, um damit klarzukommen.«

»Vorher müssen wir noch die Einstellungen komplettieren«, wirft Helmine ein. »Eine Mailadresse haben wir dir auch schon verpasst: Hubihumpfi@gmx.de. Süß, oder?«

Hubihumpfi! Etwas Blöderes konnte denen auch nicht einfallen. Wenn ich die Adresse irgendwo angeben muss, lachen sich die Leute doch kaputt. Hubihumpfi! Aber habe ich bisher überhaupt schon mal eine Mailadresse gebraucht? Habe ich nicht! Also werde ich wohl auch in Zukunft ohne auskommen.

»Sag mal eine vierstellige Zahl, die du dir gut merken kannst«, fordert Hilaria mich auf. »Die nehmen wir dann als Zugangscode.«

»Eins – zwei – drei – vier«, stammle ich hilflos. Die Ziffernfolge sollte ich mir doch wirklich problemlos einprägen können. Auch wenn ich, was Zahlen angeht, sonst nicht gerade ein Gedächtnisriese bin.

»Ist nicht dein Ernst!«, stöhnt Hilaria. »Da kannst du das Smartphone ja gleich zum allgemeinen Gebrauch in ein Bushäuschen legen. Die Zahl darfst nur du ganz allein kennen. Sonst niemand. Und die soll auch keiner herausfinden können, selbst wenn er noch so lange rumtüftelt. Sonst kann ja jeder das Teil benutzen, und wenn du Onlinebanking machst, sogar dein Konto ausräumen.«

»Na ja«, wirft Horatio ein, »so einfach ist das nun auch wieder nicht. Da müsste jemand schon die Zugangsdaten zu deinem Account kennen.«

»Zu meinem was?«, entfährt es mir. Doch ich bekomme keine Antwort.

Helmine lacht. »Wenn Opa da auch so erfinderisch ist, dürfte das ja wohl kein Problem sein.«

Schließlich einigen wir uns auf die PIN meiner EC-Karte: zwei – vier – sieben – eins. Damit sind alle zufrieden. Und vergessen habe ich die bislang auch noch nie.

Horatio tippt eine Weile auf dem Gerät herum, dann drückt er es mir in die Hand. »PIN ist eingegeben. Jetzt brauchen wir nur noch eine ID.«

»Eine was?«, frage ich schon wieder hilflos. Wie schön wäre eine Flasche Schnaps gewesen.

»Die brauchst du, wenn du weitere Apps downloaden, äh ..., ich meine: herunterladen willst.«

»Will ich nicht«, entfährt es mir spontan. »Ich weiß nicht mal, was das ist.«

Helmine legt tröstend den Arm um mich. »Armer Opa. Am Anfang ist das natürlich alles ein bisschen verwirrend. Aber das gibt sich. Und später bist du dann froh, weil du mit dem Smartphone so viele tolle Sachen machen kannst.«

»So«, flüstere ich matt. »Was denn zum Beispiel? Telefonieren kann ich mit meinem Handy auch.«

»Telefonieren ist out«, verkündet Hilaria kategorisch. »Heutzutage verständigt man sich per Textnachricht.«

Ich habe nicht den Schimmer einer Ahnung, was sie meint. Aber zum Fragen lässt sie mir keine Zeit.

»Als ID verwenden wir unsere vier Namen«, verkündet Horatio, nimmt mir das Ding aus der Hand, tippt darauf herum und gibt es mir wieder. »Und zwar dem Alter nach. Hilaria – Helmine – Horatio – Harvey. Hihehoha. Genial, oder?« Würde er mir die Besonderheiten im genetischen Code eines Mistkäfers erklären, würde ich genauso wenig verstehen. Ich nicke nur matt.

Stirnrunzelnd blicke ich auf die bunten Bildchen auf dem Display. Früher hätte man *Bildschirm* gesagt, geht es mir kurz durch den Kopf. Aber total hinter dem Mond lebe ich nun auch wieder nicht.

»Opa hält das Teil in der Hand, als würde es gleich explodieren«, lacht Horatio. »Na ja, ist natürlich alles ein bisschen viel für den alten Knaben.«

Einen Moment überlege ich, ob ich ihm den *alten Knaben* übel nehmen soll. Doch was soll's. Er hat ja recht. Den Rest des Nachmittags ist an Feiern nicht mehr zu denken. Alle reden auf mich ein, dass mir der Kopf schwirrt. Und das Schlimme ist: Je mehr sie quatschen, desto weniger verstehe ich.

Schließlich hat Hilaria ein Einsehen. Man merkt eben doch, dass sie die Älteste ist. »Ruhe!«, ruft sie energisch. »So hat das keinen Sinn! Seht ihr nicht, dass ihr Opa total überfordert? Er muss doch nicht alles auf einmal können. Wir sollten ihm beibringen, wie man mit dem Smartphone telefoniert und wie man Nachrichten schreibt und annimmt. Das reicht fürs Erste. Wenn er das mal so richtig draufhat, können wir ihm immer noch Dinge wie Fotografieren, Kalenderbenutzung, Wecker einstellen und all den anderen Kram erklären.«

Erstaunlicherweise nicken die anderen zustimmend. Und auch Hannes meint, nein, man dürfe von mir nicht zu viel verlangen. Sonst verlöre ich den Spaß an meinem neuen Smartphone, bevor ich überhaupt dessen faszinierende Anwendungsmöglichkeiten kennengelernt hätte. Und so beginnen wir mit dem Telefonieren. Helmine fragt mich, ob ich gern einen speziellen Klingelton hätte, und als ich kopfschüttelnd verneine, ruft sie mich kurzerhand von ihrem Handy aus an. Damit, dass es gleich hupen, tüten oder klingeln würde, habe ich ja gerechnet, dass das Ding in meiner Hand aber plötzlich herumhüpfen würde wie ein wild gewordener Käfer, erschüttert mich geradezu. Nur mit Mühe kann ich verhindern, dass ich das teure Stück vor Schreck auf den Boden werfe. Dann muss ich mindestens zehnmal üben, bis es mir gelingt, den grünen Schieber gleichmäßig nach rechts zu bewegen und so das Gespräch anzunehmen. Als ich umgekehrt Helmine anrufen will und sie nach ihrer Nummer frage, lächelt sie herablassend und meint, alle für mich relevanten Kontakte samt Mailadressen und Telefonnummern seien schon eingespeichert. Und dann zeigt sie mir, wie und wo ich ihre Daten finde und wo ich hintippen muss, damit bei ihr das Handy schrillt. Das ist eigentlich gar nicht so schwierig. Wir telefonieren noch ein paarmal hin und her, dann habe ich's nach Ansicht meiner Enkel »voll drauf«.

Nachdem Horatio mir gezeigt hat, wo ich den Ladezustand ablesen und wie ich ihn gegebenenfalls wieder auf ein brauchbares Niveau anheben kann, meint Hilaria, jetzt müsse ich nur noch chatten lernen, dann könne ich mit dem Teil doch schon eine ganze Menge anfangen. Sie hätten vereinbart, mir von nun an jeden Tag Nachrichten zu schicken, die ich beantworten solle. So würde ich ganz von selbst lernen, worauf ich achten müsse. Und wenn ich das beherrsche, würden sie mir das Fotografieren beibringen und mir zeigen, wie ich selbst aufgenommene Bilder verschicken kann.

»Gut Ding will Zeit haben«, kommentiert Hulda grinsend. Die hat leicht reden, die kennt sich mit ihrem Smartphone fast so gut aus wie die Jugend.

»Ein Selfie von Oma und Opa im Bett«, kichert der kleine Harvey, und ich frage mich, wie er da jetzt draufkommt. »Das wäre echt hammergeil!«

Selfie – das habe ich immerhin schon mal gehört. Das ist, wenn mich nicht alles täuscht, ein Foto von sich selbst.

»Mit einem Messenger kannst du Nachrichten in alle Welt verschicken«, beginnt Helmine den Unterricht. »Nach Guatemala zum Beispiel oder Neuseeland. Und das in Echtzeit und total kostenlos.«

Kostenlos, das gefällt mir. Aber wen soll ich denn in Zentralamerika kontaktieren? »Ich kenne niemanden in Guatemala«, erkläre ich daher. »Und in Neuseeland auch nicht. Und selbst war ich da auch noch nie. Und werde auch nicht hinfahren oder -fliegen. Wozu dann der blöde Mässätscha?«

»Messenger«, korrigiert mich Horatio. »Das war doch nur ein Beispiel. Du kannst natürlich auch Oma von der Innenstadt aus benachrichtigen. Oder mich. Egal, ob ich gerade zu Hause bin oder sonst wo.«

»Wozu dann noch ein Telefon?«, frage ich stirnrunzelnd.

Hilaria nickt zustimmend. »Das braucht man heutzutage wirklich nicht mehr oft. Messenger haben den Vorteil, dass du eine Nachricht dann lesen und beantworten kannst, wenn du gerade Zeit hast. Ohne alles liegen und stehen lassen zu müssen, um ans Telefon zu rennen.«

»Genau«, stimmt Helmine ihrer Schwester zu. »Zumal du ja nicht jünger wirst. Weißt du noch, wie ich dich neulich angerufen habe und du nicht schnell genug an den Apparat gekommen bist? Da musstest du mich extra zurückrufen. Das passiert dir mit Messengern nicht. Und wenn ...«

»... und wenn du mal unterwegs bist«, fällt Horatio ihr ins Wort, »und musst plötzlich ganz dringend, dann kannst du sogar auf einer speziellen App nachschauen, wo das nächste öffentliche Klo ist.«

Na ja, geht es mir durch den Kopf, das scheint mir immerhin Sinn zu machen. Und dann erklären sie mir, wie ich eine Nachricht öffnen und beantworten kann. Doch das ist für mich alles andere als einfach. Auf Hilarias schriftliche Anfrage »Wie geht's dir, Opa?« will ich nur »Danke, gut« eingeben, doch meine Finger treffen die winzigen Tasten nicht, und am Ende steht da: »Dnek tug.«

»Alles eine Sache der Übung«, tröstet mich Hilaria. »Ich habe auch eine ganze Weile gebraucht, bis ich einigermaßen flott tippen konnte. Schau mal.« Und dann führt sie mir vor, wie ein Profi eine Smartphone-Tastatur bedient. Während ihre Finger wie die Schlegel eines Schlagzeugers beim Trommelwirbel über die Tasten fliegen, erscheint auf dem Display in irrem Tempo Wort für Wort. Wie auf einem viel zu schnell eingestellten Textlaufband. Dabei fällt mir auf, dass sie zum Schreiben nur ihre beiden Daumen benutzt und die anderen acht Finger konsequent vernachlässigt. Macht man das heutzutage so oder ist das eine persönliche Macke meiner Enkelin? »Außerdem kannst du ja auch Sprachnachrichten verschicken«, unterbricht Horatio meine Gedanken. »Ich zeig dir mal, wie das geht.«

Das tut er dann, ich probiere es aus, und zu meinem Erstaunen funktioniert es einwandfrei. Das ist tatsächlich eine Erleichterung. Da muss ich mich nicht so mit den fummeligen Tasten rumquälen. Und weil Horatio gerade dabei ist, erzählt er mir gleich auch noch, dass man mit dem Smartphone sprachlich kommunizieren kann wie mit einem anderen Menschen. »Dazu musst du bloß hier drücken«, erläutert er, und ich verstehe mal wieder nur Bahnhof. Doch dann drückt er ein bisschen länger auf den runden Knopf ganz unten und bittet mich, irgendeine Frage zu stellen.

Ich überlege kurz. »Wann ist in diesem Jahr Weihnachten?«, sage ich dann. Was für eine dämliche Frage! Doch da antwortet auch schon eine wohltönende Frauenstimme: »Heiligabend ist am Montag, den 24. Dezember.«

»Ich glaube, ich spinne. Das gibt's doch gar nicht!«, stoße ich verblüfft hervor und störe mich nur ganz kurz daran, dass es *dem* 24. Dezember heißen müsste. Doch dann probiere ich es mit Fragen nach dem Wetter, dem Geburtsjahr von Konrad Adenauer und schließlich – das interessiert mich wirklich – nach dem nächstgelegenen Flohmarkt. Und man glaubt es nicht, wenn man es nicht selbst erlebt hat: Das Teil gibt jedes Mal präzise Auskunft. Wahnsinn!

Zum Schluss zeigt Horatio mir noch, wie ich mit dem Smartphone mein geliebtes Sudoku spielen kann, dann verabschieden sich alle und lassen mich mit dem Teufelsding allein. Auch Hulda verlässt mich. Sie will heute Abend an einem Treffen mit ehemaligen Kolleginnen teilnehmen.

»Das macht dir doch nichts aus an deinem Geburtstag?«, flötet sie zum wiederholten Mal. Sie hat scheinbar ein schlechtes Gewissen, die Gute.

»Im Gegenteil«, antworte ich, und das stimmt tatsächlich. Denn inzwischen habe ich regelrecht Blut geleckt und bin heilfroh, dass ich mich gleich allein und ungestört mit der neuen Errungenschaft beschäftigen kann.

Ich wasche mich, putze mir die Zähne und gehe ins Bett, wo ich es mir so richtig schön bequem mache. Immer noch ein bisschen unsicher, nehme ich das neue Smartphone zur Hand. Ich schicke an Hilaria die simple Nachricht: »Ist echt toll, so ein Smartphone. Noch mal vielen Dank.«

Keine zehn Sekunden später piepst es. Doch anstelle der erwarteten Hilaria ist es Hulda, die sich meldet: »Na, kommst du klar?«

Mit der Antwort muss ich kurz warten, denn jetzt erscheint Hilarias Erwiderung: »Nichts zu danken. Hauptsache, du hast Spaß damit.«

Das habe ich mittlerweile tatsächlich. Beim Stichwort Spaß fällt mir auf, dass das gerade offenbar auch unser junges Nachbarpärchen hat. Und zwar reichlich. Jedenfalls ächzen und stöhnen die beiden mal wieder, dass man Angst um sie bekommen könnte.

Das muss ich jetzt doch Hulda mitteilen. Per Textnachricht geht das ja total dezent. Und da fällt mir gerade noch rechtzeitig ein, dass wir schon längst mal wieder unsere Vokal-Sex-Nummer abziehen wollten. Also tippe ich – eine Sprachnachricht kommt ja nicht in Betracht: »Unsere Nachbarn sind gerade voll zugange. Wie wär's später mit einer Bums-Nummer unsererseits?«

Die Antwort kommt prompt: »Du und ich? Opa!!!«

Mist, verdammter! Ich habe nach Hilarias letzter Nachricht vergessen, den Adressaten zu wechseln. Gott, ist das peinlich!

Aber das liegt nur an diesem Scheißgerät. Übers Telefon wäre mir so etwas nie passiert. Ich nehme das Ding und pfeffere es in Huldas Bett. Doch vorher fluche ich noch: »Wie blöd kann man eigentlich sein?«

Dabei habe ich offenbar versehentlich den Finger auf dem runden Knopf gehabt. Denn auf einmal tönt es aus dem Bett neben mir: »Interessante Frage, Hubert.«

Miteinander

Wie jedes Jahr findet auch diesmal am zweiten Juliwochenende unser Straßenfest statt, zu dem alle Nachbarn herzlich eingeladen sind: und zwar erstens dazu teilzunehmen und zweitens, einen kleinen Beitrag zu leisten. Es gibt Bier, Wein und Schnaps, dazu Gegrilltes, das jeder für den Eigenbedarf mitbringt, und natürlich jede Menge Salat. Später auch diverse Desserts, etwa Tiramisu, rote Grütze oder Vanillepudding. Und wie immer sind neben vielen bekannten Gesichtern ein paar neue dabei. Schließlich sind die meisten Reihenhäuser der Siedlung vermietet, da wechseln die Bewohner naturgemäß immer wieder mal.

Das Fest ist schon einige Zeit im Gang, da nimmt an unserem Biertisch nach einem höflichen »Ist hier noch frei?« ein Mann Platz, den ich noch nie gesehen habe. Schätzungsweise Anfang 40, groß, schlank, gut aussehend. Typ Banker, leitender Angestellter oder Rechtsanwalt. Dass wir uns hier alle duzen, hat er offenbar schon verinnerlicht, denn nachdem er ein Bier geholt und sich gesetzt hat, stellt er sich mit einem gewinnenden Lächeln vor: »Ich bin Edward. Und wer bist du?«

»Hallo Edward«, erwidere ich, nenne kurz meinen Namen und mache den Neuling auch mit den anderen Leuten am Tisch bekannt. »Wohnst du schon lange hier?«

»Ein knappes halbes Jahr«, sagt er lächelnd. »Wir sind im Februar eingezogen.«

Wir! Also lebt er nicht allein. Hätte mich bei einem derart attraktiven Typen auch gewundert. Dem laufen die Frauen doch bestimmt in Scharen nach. *Womanizer* heißt das heute, hat mir Helmine erst neulich erklärt. Na, von mir aus.

»Deine Frau hat keine Lust, sich zu uns zu setzen?«, frage ich, um das Gespräch in Gang zu bringen.

Edward schüttelt lächelnd den Kopf. »Ich habe keine Frau.«

Aha, denke ich, wilde Ehe. Ist ja heutzutage gang und gäbe. Aber ob Ehefrau oder nicht, ich hätte die Dame schon gern mal näher in Augenschein genommen. Vermutlich ist sie klein und pummelig. Man staunt ja oft, wo die Liebe hinfällt und wer sich mit wem zusammentut. Kein Wunder, dass sie Hemmungen hat, sich vor den vielen Nachbarn zu zeigen.

»Na ja«, sage ich, »geht mich ja nichts an. Irgendwann werde ich deine Lebensgefährtin schon kennenlernen. Eilt ja nicht.«

In dem Moment stupst Hulda mich unsanft in die Seite. Und als ich mich ihr zuwende, zieht sie die Stirn kraus und rollt mit den Augen. Ich nicke leicht. Ich weiß ja, dass sie es nicht leiden kann, wenn ich mich allzu sehr in fremde Angelegenheiten einmische.

Doch da kommt schon Edwards Antwort: »Du missverstehst mich. Es gibt bei mir weder eine Ehefrau noch sonst eine Lebensgefährtin.«

Das soll einer kapieren! Da sehe ich, wie am Nachbartisch ein anderer Neuling die Nachbarn begrüßt und sich setzt. Ein Mann so ganz anders als Edward: eher klein und untersetzt, Halbglatze, aber üppiger dunkler Bart, Nickelbrille mit kleinen, runden Gläsern. Auch den habe ich hier noch nie gesehen. Da wohnt man viele Jahre in so einer Siedlung Haus an Haus und bekommt doch nur ausnahmsweise mit, wenn mal jemand aus- oder einzieht.

Wieder stupst mich Hulda in die Seite und deutet mit dem Kopf auf den Neuankömmling.

»Hab ich schon gesehen«, flüstere ich ihr zu.

Sie scheint über die Veränderungen in der Nachbarschaft genauso erstaunt zu sein wie ich. Doch warum verdreht sie dann schon wieder dermaßen die Augen, dass man Angst bekommt, sie könnten ihr aus den Höhlen fallen?

Ich blicke aufmerksam in die Umgebung. Kommt die Frau des kleinen Dicken nach, oder hat der etwa auch keine? Ziehen hier in letzter Zeit nur noch Junggesellen ein?

»Na ja«, nehme ich das Gespräch mit Edward wieder auf, »so allein zu leben, hat ja auch eine Menge Vorteile. Man ist niemandem Rechenschaft schuldig und kann tun und lassen, was man will.«

Edward schüttelt sanft den Kopf. »Das mag sein. Trifft aber auf mich nicht zu. Ich lebe keineswegs allein.« Und dann fügt er etwas hinzu, das ich nun gar nicht mehr verstehe. »Ich bin nämlich durchaus verheiratet.«

Diesmal ist es kein Stupser mehr, den Hulda mir verabreicht, sondern ein brutaler Stoß in die Rippen.

»Aaauuu!«, entfährt es mir, woraufhin sich mir an unserem und dem Nachbartisch alle Augen zuwenden. Schnell tu ich so, als hätte ich mich am Tischbein angestoßen und schiebe geistesgegenwärtig einen Fluch nach: »Mist, verdammter. Blödes Gestell!« Was soll das?, hätte ich Hulda gern gefragt. Du tust mir weh!

Doch die denkt gar nicht daran, Ruhe zu geben. Vielmehr kneift sie mich jetzt auch noch in den Oberschenkel und räuspert sich gekünstelt. Spinnt die? Oder ist sie vielleicht schon betrunken?

Da kommt plötzlich ein kleiner Junge, vielleicht sechs oder sieben, zu uns an den Tisch gerannt. Kurz blickt er sich um, dann setzt er sich kurzerhand auf Edwards Schoß. »Hallo, Papa.«

Jetzt verstehe ich gar nichts mehr.

Edward hat an meiner offensichtlichen Verblüffung anscheinend eine Menge Spaß und setzt breit grinsend noch einen drauf: »Sven, der Typ da drüben mit dem Bart, ist übrigens auch verheiratet.«

»Und wo ist seine Frau?«, entfährt es mir. Langsam werde ich sauer. Will der mich verarschen?

Edwards Grinsen wird noch breiter. »Ihm geht's wie mir. Er hat keine.«

»Aber ... aber zumindest *du* hast mal eine gehabt«, stottere ich. »Der Kleine ist ja offensichtlich dein Sohn.«

»Genau. Das ist er. Und Svens Sohn auch.«

Da reißt Hulda das Gespräch an sich: »Also, Hubert, du bist so was von blöd, ich fasse es nicht!«

Jetzt treibt die also auch noch ihr Spielchen mit mir. Meine eigene Frau. Dass die sich nicht schämt! Doch stattdessen quasselt sie unverdrossen weiter: »Die beiden Herren sind verheiratet und haben beide keine Frau. Die Sache ist doch sonnenklar.«

»Für dich vielleicht«, stöhne ich. Inzwischen scheinen sich auch die anderen Nachbarn an unserem Tisch über meine Begriffsstutzigkeit zu amüsieren. »Für mich aber nicht.«

»Miteinander!«, verkündet Hulda und sieht dabei achselzuckend in die Runde. Und dann noch einmal, jede Silbe einzeln betonend: »MIT-EI-NAN-DER!« Es ist offensichtlich, dass sie sich für mich schämt.

Da geht mir endlich ein Licht auf. Oh Gott, wie peinlich! Die beiden Kerle sind homosexuell! Sie führen eine Schwulenehe. So etwas ist ja seit Kurzem erlaubt. Habe ich doch neulich erst in der Zeitung gelesen.

Doch wie passt der Junge ins Bild? Waren Edward oder Sven früher vielleicht doch mal richtig verheiratet? Ich meine, mit einer echten Frau? Dass ein Mann oder eine Frau erst spät merkt, dass er oder sie sich am anderen Ufer wohler fühlt, soll es ja geben.

Während ich noch überlege, klärt Hulda dankenswerterweise die Situation auf. »Und deinen Sohn hast du adoptiert? Oder besser gesagt, den habt ihr beide adoptiert?«

»Richtig«, bestätigt Edward. »Das ist seit einiger Zeit möglich. Wenn auch nicht so problemlos wie bei Heteros.«

In diesem Moment legt sich mir sanft eine Hand auf die Schulter. »Hi, Opa.«

Ich drehe mich um und erblicke meinen Enkel Horatio. »Mit dem Wetter habt ihr ja ...«, plappert er munter drauflos. Dann bleibt ihm offenbar das Wort im Hals stecken. Doch gleich darauf hat er sich wieder im Griff. »Da ist ja auch Herr Winzor.« Er blickt sich weiter um. »Und da drüben Herr Zweistein.«

»Du kennst unsere neuen Nachbarn?«, stoße ich verblüfft aus.

Horatio lacht auf. »Na klar, die beiden sind seit diesem Jahr Lehrer an meiner Schule. Herr Winzor Englisch und Herr Zweistein Physik.«

»Ach was«, staune ich. »Wusstest du, dass die beiden ...?«

Doch da trifft mich der Ellenbogen meiner Frau mit solcher Wucht in die Rippen, dass mir vor Schreck die Worte im Hals stecken bleiben.

Doch Horatio lässt sich dadurch nicht stören. »Dass sie zusammen sind? Na klar. Das sieht doch ein Blinder.«

Klassentreffen

Beinahe hätte ich den unscheinbaren Brief zwischen den grellbunten Werbeschreiben für skandinavische Holzmöbel und Rotwein aus Südafrika übersehen. Versonnen betrachte ich meine Adresse auf dem Umschlag. Irgendwie kommt mir die Handschrift bekannt vor. Dann öffne ich das Kuvert und ziehe ein zartrosa Blatt Papier heraus: eine Einladung zum Klassentreffen! Genauer gesagt: zum 55. Abitur-Jubiläum. Und gemeinsam für beide Abschlussklassen. Damals war ich 21 und damit in unserer Klasse der Älteste – weil ich zum einen erst nach Klasse fünf aufs Gymnasium gewechselt war und dort zum anderen gleich zwei Ehrenrunden gedreht hatte. Beide Male wegen Mathe und Chemie. Das bevorstehende Klassentreffen würde erst unser zweites sein. Das erste hatten wir 30 Jahre nach dem Abitur. Schon damals habe ich nicht einmal die Hälfte der ehemaligen Klassenkameraden und -kameradinnen wiedererkannt. Und die haben sich in den letzten 25 Jahren mit Sicherheit weiter verändert. Na, ich werde ja sehen.

Die Feier soll in einem Hotel am Chiemsee stattfinden. Unterschrieben ist die Einladung, wie damals, von Doris und Lydia. Toll, dass die beiden sich wieder die Mühe gemacht haben, die aktuellen Adressen herauszufinden und das Event zu organisieren. Ich zum Beispiel habe vor 25 Jahren woanders gewohnt, damals noch zusammen mit Henni. Und ich bin sicher nicht der Einzige, der seit dem letzten Treffen umgezogen ist. Vielleicht lebt ja der eine oder andere – bei dem Gedanken krampft sich mir kurz der Magen zusammen – sogar schon in einem Alten- oder Pflegeheim.

Vier Monate später ist es so weit. Da Hulda wegen einer Zahnoperation am Vortag noch nicht wieder fit und Hanna mit Hilaria und Helmine ein paar Tage verreist ist, bleibt mir nichts anderes übrig, als Herrn von Hinterhuber mitzunehmen. Aber das ist kein Problem, schließlich ist der Hund lammfromm und im Allgemeinen recht gehorsam.

Als ich auf den Hotelparkplatz einbiege, steht da eine Gruppe älterer Damen und Herren, allesamt unverkennbar Vollsenioren. Verstohlen blicke ich beim Vorbeifahren in die Gesichter. Nein, da ist niemand Bekanntes dabei, die gehören nicht zu uns. Doch als ich aussteige und sich mir alle Blicke zuwenden, kommt plötzlich eine mollige Frau aus der Gruppe auf mich zu, lächelt mich breit an und ruft erfreut: »Das ist doch der Hubert! Schön, dass du gekommen bist.« Dabei umarmt sie mich und drückt mich fest an sich. Ich habe keine Ahnung, wer das ist, aber dass sie mich auf Anhieb erkannt hat, beweist doch, dass ich mich, im Gegensatz zu den anderen, offenbar kaum verändert habe. Der Gedanke versetzt mich augenblicklich in Hochstimmung.

Dann begrüße ich die anderen und entdecke jetzt doch jemanden, den ich sofort wiedererkenne. Der Silberblick hinter den dicken Brillengläsern ist unverkennbar. Das ist Klaus. Der hat schon während der Schulzeit dermaßen geschielt, dass man nie wusste, wohin er gerade sah. Aber immerhin besitzt er damit ein Alleinstellungsmerkmal, an dem man ihn sofort erkennt. So hat doch alles sein Gutes.

Während die eine oder andere meiner ehemaligen Mitschülerinnen, die mir jetzt nach und nach ihre Namen nennen, Herrn von Hinterhuber streichelt und lobt, wie brav er doch sei, kommen aus dem Hotel noch fünf weitere Klassentreffen-Teilnehmer zu uns heraus. Bei einem von ihnen fällt mir immerhin ein, dass er Ingo heißt, und bei einer anderen kann ich nicht glauben, dass das Meta sein soll. Meta, das war doch die heiße Frau mit dem geilsten Busen der gesamten Oberstufe, hinter der alle Jungs her waren wie Herr von Hinterhuber hinter warmem Leberkäse. Die nie ihre Mathehausaufgaben gemacht hat, weil sämtliche männlichen Klassenkameraden scharf darauf waren, sie alles, was sie wollte, morgens vor dem Unterricht abschreiben zu lassen. Ist es möglich, dass die sich derart verändert hat? Wo sind die aufregenden Rundungen vorne und hinten geblieben? Und haben sich die irre langen Beine tatsächlich in derart stämmige Exemplare verwandelt, wie ich sie unter den Schlabberjeans zu erkennen glaube? Vom faltigen Gesicht gar nicht zu reden. Nein, das ist nicht möglich! Aber hatte es je eine andere Meta in unserer Klasse gegeben?

Nein, hatte es nicht. Ebenso wie keinen anderen Joachim. Der war seinerzeit die Sportskanone schlechthin. Der ließ beim Hundertmeterlauf alle anderen meilenweit hinter sich, sprang wie ein Floh und schwamm wie eine Forelle. Und beim Fußball konnte er die anderen Jungs der Klasse auf einem Bierdeckel tanzen lassen. Mit Ball versteht sich. Und der soll der Fettsack da drüben sein? Der mit der Wampe, die meine locker in den Schatten stellt? Der bei jeder Bewegung pustet wie ein kaputter Schnellkochtopf? Unglaublich!

Inzwischen hat jeder jeden umarmt, und die beiden Organisatorinnen zählen ab, ob auch alle Angemeldeten da sind. Sie kommen auf 21. Von seinerzeit 18 in unserer und 20 in der Parallelklasse. Diejenige mit der weitesten Anreise ist Barbara aus Rostock. Doch es müssten 22 sein, einer fehlt noch. Als ich mich erkundige, um wen es geht, habe ich Mühe, meinen Schrecken nicht allzu deutlich zu zeigen. Rudolf! Ausgerechnet der! Dass der sich überhaupt hertraut. Der war nämlich der Einzige in unserer Klasse, den niemand, wirklich niemand leiden konnte. Nicht nur, dass er ekligen Mundgeruch hatte und dazu oft auch noch penetrant nach Schweiß müffelte, er war auch charakterlich ein absoluter Minusheld. Nie ließ er einen abschreiben, dafür petzte er bei jeder Gelegenheit. Und wie der sich bei den Lehrern einschleimte! Widerlich! Kein Wunder, dass den Kotzbrocken niemand neben sich sitzen haben wollte und er deswegen immer allein in der letzten Bank hockte.

In dem Moment kurvt ein chromfunkelnder 8er-BMW auf den Hotelparkplatz. Eine Megakarosse, bei deren Anblick sämtliche Gespräche verstummen. Und wer steigt daraus aus? Rudolf! Breit lächelnd kommt er auf uns zu und drückt jedem von uns die Hand. Seine ist immer noch so feucht wie früher, und von Drücken kann man bei der Begrüßung eigentlich auch nicht sprechen. Vielmehr ist das, was er der Reihe nach mit unseren Händen macht, eher ein schlaffes Betatschen. Heimlich wische ich mir die Finger an der Hose ab. Sigrid fragt ihn, was er beruflich macht beziehungsweise gemacht hat. Schließlich war er bei unserem letzten Treffen nicht dabei. Was wir seinerzeit übereinstimmend als wahren Segen empfunden haben. Kurz frage ich mich, welcher Teufel die beiden Initiatorinnen wohl geritten hat, ihn diesmal einzuladen. Aber nun ist er eben da, und wir müssen uns irgendwie mit ihm arrangieren. Ich schnuppere unauffällig in seine Richtung. Immerhin, übel riechen tut er nicht. In dem Moment erzählt er strahlend, er sei Proktologe geworden beziehungsweise gewesen. Enddarmarzt also! Das passt ja wie die Faust aufs Auge, geht es mir spontan durch den Kopf. Arsch zu Arsch gewissermaßen.

Und dann setzt sich dieser Typ bei unserem ersten Programmpunkt, einer Schifffahrt auf dem Chiemsee, ausgerechnet zu mir an den Tisch. Kurz bin ich versucht, aufzustehen und mir einen anderen Platz zu suchen. Aber das bringe ich dann doch nicht fertig. Und was soll ich sagen? Ausgerechnet Rudolf erweist sich als ausgesprochen höflicher, amüsanter Gesprächspartner. Nach einer Weile haben wir uns regelrecht angefreundet und vereinbart, uns demnächst mal gegenseitig zu besuchen. Wie man sich doch in einem Menschen täuschen kann!

Klassenfotos von früher machen die Runde und so manche Anekdote wird zum Besten gegeben. Zum Beispiel die, wie Heinz damals bei einem neuen Lehrer mitten im Unterricht als Pizzabote ins Klassenzimmer kam, die acht »bestellten Pizzas« aufs Pult stellte und den verwirrten Pauker bat, die Rechnung bitte möglichst passend zu begleichen.

Oder wie wir in den Rahmen der Klassenzimmertür in Kopfhöhe eine durchsichtige Plastikfolie geklebt hatten, in die unser Mathelehrer dann blindlings hineinlief. Was im Grunde nicht mehr als ein harmloser Streich gewesen wäre, wenn wir uns nicht in der Materialstärke vertan hätten und der arme Kerl wirklich mit voller Wucht dagegengeprallt wäre. Dabei stürzte er und brach sich den Unterarm. Das hatten wir wirklich nicht gewollt.

Als wir wieder von Bord gehen, drängt sich Siegfried, früher Siggi genannt, an meine Seite. »Hast du dritte Zähne im Mund?«, flüstert er hinter vorgehaltener Hand.

Ich schüttle stirnrunzelnd den Kopf. Meine Teleskopprothese geht den doch wirklich nichts an. »Wieso?«

»Weil ich dann eine Super-Versicherung für dich hätte.«

Ich sehe ihn nur wortlos an, und er fährt fort: »Eine Zahnersatz-Verlust-Versicherung. Minimale Prämie, gewaltiger Nutzen. Du glaubst gar nicht, wie oft Prothesenträger ihre Ersatzzähne verlegen und nicht wiederfinden. Und die Dinger sind ja nicht ganz billig. Da bezahlt die Versicherung die komplette Neuanfertigung. Und das für gerade mal 12,60 Euro im Monat.«

»Brauche ich nicht«, erkläre ich, obwohl ich eine solche Absicherung schon mehr als einmal beinahe gut hätte gebrauchen können. Zum Glück habe ich meinen Zahnersatz bislang jedoch noch immer wiedergefunden, aber wer weiß, was die Zukunft bringt. Doch ich mag schlicht nicht zugeben, dass zumindest ein Teil meines Gebisses nicht mehr echt ist, und lehne deswegen ab. »Bist du Versicherungsvertreter?«

»Agent«, sagt er. »Ich habe eine eigene Versicherungsagentur. Tolle Angebote, lauter zufriedene Kunden.«

»Das freut mich für dich«, entgegne ich und will mich wieder Renate zuwenden, mit der ich gerade so schön Enkelerlebnisse ausgetauscht habe.

Doch Siegfried lässt nicht locker. »Dann vielleicht etwas anderes? Wie wär's denn mit einer Transportmittel-Verwechslungs-Schadens-Versicherung?«

»Einer was?«, frage ich ratlos.

»Einer Transportmittel-Verwechslungs-Schadens-Versicherung. Die kommt für alle Schäden auf, die dir entstehen, wenn du mal die falsche Straßen- oder U-Bahn genommen hast. Ja sogar, wenn du versehentlich in den verkehrten Zug gestiegen bist und dir daraus ein materieller Nachteil entsteht. So was kommt in unserem Alter gar nicht so selten vor.«

Ich verstehe noch immer nicht, und das sage ich ihm auch. »Was für ein Nachteil sollte das denn sein?«

»Na, du hast vielleicht einen Termin beim Steuerberater oder Anwalt und verpasst den, weil du dich mit der U-Bahn vertust. Dann ist es heute üblich, dass du zumindest einen Teil der Gebühren bezahlen musst, die dem Steuerberater oder Anwalt infolge deiner Abwesenheit entgehen. Man nennt das Ausfallhonorar. Dann ist so eine Versicherung Gold wert. Und das für schlappe 11,40 Euro im Monat.«

Ich verspreche, darüber nachzudenken und mich gegebenenfalls bei ihm zu melden. Daraufhin drückt er mir seine Visitenkarte in die Hand, sieht sich nach einem anderen potenziellen Opfer um und labert wenige Sekunden später schon Siegbert wegen der Zahnersatz-Versicherung an. Für 10,90 Euro im Monat, wie ich am Rande mitbekomme. Aha.

Franziska ist die Einzige, die schon einen Urenkel hat. Ich geselle mich zu der Frauengruppe, in der sie stolz von ihm erzählt. »Erst sechs Monate alt, der kleine Tjorben-Fin, und schläft schon jede Nacht eine halbe Stunde durch. Toll, oder?« Alle nicken zustimmend. Währenddessen kramt sie ihr Smartphone aus der Handtasche und reicht es mit einem Bild ihres Goldschatzes herum. Alle sind sich einig, dass das ein ausnehmend hübsches Baby ist.

Als ich es mir gerade ansehe, kommt Hedwig um die Ecke gerauscht und reißt mir das Gerät wortlos aus der Hand. Sie betrachtet das kleine Kerlchen eine Weile aufmerksam, blickt dann zwischen dem Smartphone und mir hin und her und verkündet schließlich: »Der kann seinen Uropa auch nicht verleugnen. Ein Humpff, wie er im Buche steht.« Dann drückt sie mir das Teil wieder in die Hand und ist schon verschwunden.

Maren sieht ihr kopfschüttelnd nach. »Die war ja schon früher nicht die große Durchblickerin.«

Beim Spaziergang zurück zum Hotel ruckt Herr von Hinterhuber, der sich bislang vorbildlich verhalten hat, plötzlich heftig an der Leine und zieht mich zur Seite. Dort gehen, ins Gespräch vertieft, Irmgard und Hertha. Und eine von den beiden scheint es tatsächlich zu sein, die meinen Hund – keine Ahnung, warum – zunehmend in Aufregung versetzt. Was mag das Tier nur haben? Gleich darauf stellt sich heraus, dass es Hertha ist, die ihn so nervös macht. Tatsächlich beginnt er, je mehr wir uns ihr nähern, immer lauter zu knurren. Und als sie sich ihm irritiert zuwendet, bellt er sie sogar böse an.

Plötzlich kommt mir die Erleuchtung. »Hast du vielleicht ein Tier zu Hause?«, erkundige ich mich.

Sie nickt. »Zwei sogar. Meerschweinchen. Zwei Weibchen, um genau zu sein.«

Das muss es sein. »Und die sind schwarz, oder?«, frage ich weiter.

»Ja, das eine. Es heißt Hanni.«

Und das andere vermutlich Nanni, geht es mir kurz durch den Kopf. Doch das tut jetzt nichts zur Sache. »Dann ist mir alles klar.«

Ich ziehe den noch immer abwechselnd knurrenden und bellenden Herrn von Hinterhuber ein Stück von ihr weg und erkläre ihr, was es mit der unerklärlichen Schwarze-kleine-Tiere-Phobie meines Hundes auf sich hat. Dass er, der Himmel weiß wie, die Farbe wittern kann. Und dass ich ihm seine Macke trotz vieler Bemühungen und sogar der Hinzuziehung eines renommierten Hundepsychologen bislang nicht habe abgewöhnen können.

»Was es nicht alles gibt«, lacht Hertha. »Dann gehen wir uns für den Rest des Treffens wohl besser aus dem Weg.« Spricht's, schüttelt noch einmal irritiert den Kopf und wendet sich wieder Irmgard zu, die ich von allen Teilnehmerinnen am wenigsten wiedererkannt hätte. Was bei der gewaltigen Menge an Schminke, unter der sich ihr Gesicht verbirgt, auch kein Wunder ist.

Als wir uns vor dem Abendessen zu einem Sektumtrunk treffen, bemerke ich, dass sich auffallend viele ehemalige Klassenkameraden und -kameradinnen um Norbert drängen. Wobei sich fast alle mit einem Finger im Mund herumfahren. Was mag das zu bedeuten haben? Doch dann wird mir plötzlich bewusst, dass Norbert Zahnarzt ist beziehungsweise war. Besteht da womöglich ein Zusammenhang?

Als er endlich Ruhe hat, gehe ich zu ihm hinüber. »Was war das denn?«

Er verdreht genervt die Augen. »Es ist immer dasselbe. Sobald die Leute mitbekommen, dass ich Zahnarzt bin, glauben sie, es gebe für mich nichts Interessanteres, als von ihren Zahnproblemen oder diesbezüglichen Erlebnissen zu hören. Wobei sie mich nicht selten sogar um Gratistipps und -empfehlungen bitten. Die Frauen sind am schlimmsten.«

»Deshalb der Finger im Mund«, sage ich grinsend. »Meinst du, die würden das auch machen, wenn du Frauenarzt wärst?«

Er lacht laut auf. »Das behaupte ich demnächst einfach mal bei einer Party, auf der mich niemand kennt. Bin echt gespannt, wie sich die anwesenden Damen dann verhalten werden.«

»Ruf mich an und lass mich wissen, wie es dir ergangen ist«, bitte ich ihn und setze mich neben Meta zum Abendessen. Auf meiner anderen Seite nimmt Rudolf, der Ex-Proktologe, Platz, mit dem ich mich gleich wieder prächtig unterhalte. Dadurch befreie ich ihn gerade noch rechtzeitig von Siggi, der offensichtlich soeben im Begriff war, ihm seine Zahnersatz-Verlust-Versicherung anzudrehen. Jetzt, wo ich so nah neben der einstigen Oberstufensexbombe Meta sitze, kann ich nicht umhin, noch einmal einen bedauernden Blick auf die Stelle an ihrer Bluse zu werfen, die einstmals von ihren prallen Dingern vorgewölbt wurde wie die Hosen sämtlicher Jungs bei ihrem Anblick. Rudolf zwinkert mir lächelnd zu. Ihm scheinen ähnliche Gedanken durch den Kopf zu gehen.

Gegen halb elf erheben sich alle wie auf Kommando vom Tisch, rufen »Gute Nacht« in die Runde und ziehen sich auf ihre Zimmer zurück. Als ich es ihnen gleichtue und beim Betreten des Aufzugs zweimal dessen Wand anremple, wird mir bewusst, dass es für mich höchste Zeit wird, in die Horizontale zu kommen. Drei Bier, ebenso viele Gläser Wein und dazu noch diverse Schnäpse waren wohl doch ein bisschen heftig.

Um neun Uhr am nächsten Morgen treffen wir uns zum Frühstück wieder. Ich habe schon einen längeren Hundespaziergang an der erstaunlich kühlen Luft hinter mir und bin deshalb davon überzeugt, nicht ganz so verkatert in die Gegend zu blicken wie viele andere.

Anschließend macht der Hoteldirektor persönlich noch von unserer kompletten Gruppe ein Erinnerungsfoto, das Lydia uns allen zuzuschicken verspricht. Dann verabschieden wir uns voneinander. Herr von Hinterhuber knurrt noch einmal verhalten Hertha an, Rudolf und ich tauschen Telefonnummern aus und Siggi zieht, nachdem er damit schon jeden Einzelnen von uns genervt hat, zum Schluss noch den Hotelchef zur Seite, um ihm seine Transportmittel-Verwechslungs-Schadens-Versicherung ans Herz zu legen. Für gerade mal lausige 9,20 Euro im Monat. Die Sache wird offensichtlich von Angebot zu Angebot immer günstiger. Irgendwann wird er einem Interessenten, der bei ihm unterschreibt, noch etwas draufzahlen.

Nachdem wir uns feierlich versprochen haben, bis zum Wiedersehen nicht wieder ein Vierteljahrhundert vergehen zu lassen, sondern uns künftig alle drei Jahre zu treffen, geht es zurück nach Hause. Unterwegs muss ich mich ein paarmal am Hintern kratzen, weil es mich da schon seit einiger Zeit immer so peinlich juckt. Wenn ich mich demnächst mal mit Rudolf treffe, werde ich ihn dezent darauf ansprechen. Ohne mit dem Finger an der entsprechenden Stelle rumzumachen, versteht sich.

Little risk, much fun

Ein lauer Sommer-Spätnachmittag. Ich schlendere mit Herrn von Hinterhuber planlos durch die Vorstadt, als neben mir am Straßenrand plötzlich etwas laut brummt, dann quietscht und schließlich gleichmäßig vor sich hin tuckert. Ich blicke zur Seite und sehe eines dieser neumodischen Motorräder auf vier Rädern vor mir. Darauf eine Gestalt, eher Mann als Frau, in schwarzer Lederkluft und einem ebenso schwarzen Helm. Den nimmt der Typ jetzt ab, und zum Vorschein kommt ein von einem mächtigen Vollbart umrahmtes Gesicht. Das wendet sich mir zu. »Hallo, Hubert!«

Ich rücke meine Brille zurecht und blicke den Bärtigen stirnrunzelnd an. Wer um Himmels willen ist das? Dann steigt er ab und kommt auf mich zu. Herr von Hinterhuber zerrt mich erschrocken aufjaulend zur Seite. Doch als der Typ mich jetzt erneut anspricht, erkenne ich die Stimme. Das ist Konrad. Ein Ex-Kollege, Englisch- und Französischlehrer, den ich mindestens drei Jahre nicht mehr gesehen habe. Seine Frau, habe ich gehört, ist vor einiger Zeit gestorben. Viel mehr weiß ich nicht von ihm.

»Schön, dich mal wieder zu sehen«, sagt er und strahlt mich an. »Wie geht's dir, alter Knabe?« Dabei legt er seine Hände auf meine Schultern und zieht mich an sich. Einen Augenblick befürchte ich schon, er will mich küssen, da lässt er glücklicherweise wieder von mir ab.

»Seit wann fährst du so ein Höllengerät?«, frage ich perplex.

»Den Quad? Habe ich mir vor einem halben Jahr zugelegt.« Und dann erzählt er mir, dass er nach dem Tod seiner Frau in ein tiefes Loch gefallen sei, aus dem er lange Zeit nicht mehr herausfinden konnte. Dann habe er das Buch eines indischen Gurus gelesen und von einem Tag auf den anderen beschlossen, seinem Leben noch einmal einen neuen Sinn zu geben. Was für ihn, gesteht er mir grinsend, gleichbedeutend damit sei, aus den gewohnten Bahnen auszubrechen und möglichst verrückte Dinge zu tun.

»Wie alt bist du eigentlich?«, erkundige ich mich.

»Ende des Jahres werde ich 80.«

»Dafür bist du aber noch super beieinander.« Das Kompliment hat er wirklich verdient. »Und jetzt brummst du den ganzen Tag mit dem Ding durch die Gegend?«

Ein beseeltes Lächeln überzieht sein Gesicht. »Ja, macht voll Spaß. Ist wie Motorradfahren, nur nicht so gefährlich. Vier Räder sind halt deutlich stabiler als zwei. Und was machst du so?«

Ich zucke mit den Schultern. »Eigentlich nichts Besonderes. Ich lese viel, gehe regelmäßig mit dem Hund raus und wurschtle mich eben so durch.«

»Möchtest du mal« – ein verschmitztes Grinsen überzieht sein Gesicht – »was ganz Spezielles erleben? Etwas, das voll Spaß macht und bei dem für dich auch noch ein fürstliches Essen rausspringt? Vollkommen kostenlos natürlich.«

Wenn man mir so etwas anbietet, reagiere ich ganz automatisch, und zwar ablehnend. Niemand hat etwas zu verschenken. Und wer in Gottes Namen sollte mich schon zu einem köstlichen Mahl einladen? Das kann bestenfalls jemand sein, der anschließend etwas von mir will. Und zwar ganz bestimmt nichts Gutes.

»Nein, danke«, erwidere ich deshalb und schüttle heftig den Kopf.

Er schnauft hörbar. »Hätte ich mir denken können. Eine Spaßbremse warst du ja eigentlich schon immer.«

Ich eine Spaßbremse? Muss ich mir das sagen lassen? Ausgerechnet von diesem greisen Spinner? Den ich während seiner Amtszeit so gut wie nie habe lachen sehen? »Worum geht's denn?«, frage ich widerstrebend. Anhören kann ich mir seinen Vorschlag ja mal. Kostet schließlich nichts.

»Eine Beerdigung«, erwidert er und lacht laut auf.

»Die soll voll Spaß machen?«

Er winkt ab. »Die Beerdigung selbst natürlich nicht. Die können wir uns daher auch getrost schenken. Das Beste kommt ja erst hinterher: der Leichenschmaus.«

Als er sieht, wie ich die Stirn runzle, klärt er mich grinsend auf. »Ich mache das jetzt seit etwa zweieinhalb Jahren. Warte, bis hier in der Gegend eine bedeutende Persönlichkeit den Löffel abgegeben hat. So wie ... so wie ...« – er überlegt angestrengt – »... so wie vor einem Monat dieser Freiherr von und zu Hirschhorn-Löwenfeld. Was glaubst du, wie viele Leute zu so einer Promi-Beisetzung kommen? Hunderte. Und für die ganze Meute gibt's nachher einen Leichenschmaus vom Allerfeinsten. In der Regel ein opulentes Büffet mit sämtlichen Köstlichkeiten, die man sich denken kann.«

»Ja und?«, frage ich dazwischen. Dabei kann ich mir genau denken, worauf er hinauswill. »Du willst mir doch nicht erzählen, dass du dich da einfach unter die Gäste mischst, obwohl du niemanden kennst. Und vor allem: obwohl *dich* niemand kennt.«

Jetzt grinst er von Ohr zu Ohr. »Genau das tu ich. Sind doch hauptsächlich alte Leute. Die sehen fast alle nicht mehr besonders gut, sodass sie die Trauergäste kaum unterscheiden können. Und außerdem sind das so viele, da kennt sowieso nicht jeder jeden. Der ganze Trick bei der Sache ist, sich auf keinen Fall auch nur die leiseste Unsicherheit anmerken zu lassen. Natürlich muss man angemessen gekleidet sein, aber das ist das geringste Problem. Wenn du dich dann so benimmst, als seist du der Hauptleidtragende persönlich, läuft alles wie geschmiert.«

Ich bin keineswegs überzeugt. »Und wenn dich doch mal jemand fragt, wer du bist?«

Er winkt ab. »Ist mir bisher noch nicht ein einziges Mal passiert. Und mittlerweile war ich schon bei mindestens 20 derartigen Trauerevents. Aber für den Fall, dass wirklich mal jemand skeptisch wird, habe ich mir zurechtgelegt, dass ich dann einfach der Baron von Oltenbuch-Säckingen bin, Ferdinand mit Vornamen, ein entfernter Großneffe des Dahingeschiedenen.«

Er macht eine kurze Pause und sieht mich fragend an. »Na, Lunte gerochen? Lust, das mal auszuprobieren?« Und als er merkt, dass ich noch immer nicht anbeiße, fügt er hinzu: »Selbst wenn's schiefgeht, was kann dir schon passieren? Glaubst du, jemand von den vornehmen Damen und Herren gibt sich die Blöße, die Polizei zu rufen und damit die ganze Feier kaputt zu machen? Ganz sicher nicht. Schlimmstenfalls schmeißen sie dich raus. Wenn du dir dann schon den Magen vollgeschlagen und diverse Weine intus hast, kann dir das ja egal sein. Aber, wie gesagt, bislang hat bei meinen Auftritten noch niemand auch nur den Hauch eines Verdachts geäußert. Glaub mir: Das Risiko ist minimal, der Spaß dagegen gewaltig. Little risk, much fun, sozusagen.«

Das könnte glatt von Hulda sein, geht es mir kurz durch den Kopf. Dann nicke ich bedächtig. »Probieren kann ich's ja mal. Aber nur mit dir zusammen.«

So sitze ich eine Woche später mit Konrad in einem Gasthaus gegenüber der Kirche von Unterlessmannsberg und trinke einen Beruhigungscognac. Vor fünf Tagen hat die Herzogin von Lessmann-Trudelbach das Zeitliche gesegnet, und zur Stunde findet der Trauergottesdienst statt. Den müssten wir uns wirklich nicht antun, hat Konrad gemeint. Wir bräuchten erst aktiv zu werden, wenn der Zug der Trauergäste dem Sarg Richtung Friedhof folge. Eigentlich reiche es aus zu erfahren, wo die anschließende Leichenfeier stattfinde. Auf das Gesülze des Pfarrers und die geheuchelten Kondolenzbezeugungen könnten wir getrost verzichten.

Zwei Stunden später beobachten wir aus dem Auto, wie die ganze Gesellschaft, grob geschätzt an die 300 Personen, gemessenen Schrittes das Hotel Sonnenhof im benachbarten Oberlessmannsberg betritt. Konrad bedeutet mir auszusteigen. Für den Notfall präge ich mir noch mal kurz ein, dass ich Adalbert, Freiherr von und zu Adlersberg bin, dann hole ich tief Luft und verlasse das Fahrzeug. Gleich darauf sind wir Teil der Menschenschlange, die vor dem Nobeletablissement darauf wartet, einzutreten und sich am Leichenschmaus gütlich zu tun.

Plötzlich fährt mir ein eisiger Schreck durch die Glieder, und ich spüre, wie sich mein Magen verknotet. »Und wenn sie Tischkarten aufgestellt haben?«

Konrad winkt mit tieftrauriger Miene ab. »Keine Sorge, so was gibt's bei derart pompösen Leichenfeiern nicht. Die Angehörigen der Dahingeschiedenen haben doch selbst nur eine vage Vorstellung davon, wer alles zu ihrer Feier kommt.«

Hoffentlich hat er recht, denke ich noch kurz, dann trete ich ein. Wenn nur diese bescheuerte Nervosität nicht wäre! Während Konrad sich schon am Büffet den ersten Teller vollädt und gleich darauf, nach wie vor todernst dreinblickend, Kaviar und Langustenfleisch mit einem Glas Weißwein runterspült, versuche ich angestrengt, meine zitternden Knie unter Kontrolle zu bringen. An Essen und Trinken ist in meinem Zustand überhaupt nicht zu denken. Doch dann spüre ich, wie sich der Krampf in meinem Inneren nach und nach löst und ich anfange, an der Sache Spaß zu haben. Und nicht einmal eine Viertelstunde später koste ich auch schon vom Hirschbraten in Aspik und der Perlhuhnbrust auf Mandelschaum. So famos habe ich schon lange nicht mehr gespeist. Ich blicke unauffällig zu Konrad hinüber, der mir verstohlen zublinzelt. Dann nehme ich mir noch ein Stück gratinierte Seezunge mit Herbsttrompeten – was immer das sein mag – und schlendere gemächlich zu ihm rüber.

»Zu zweit funktioniert das Ganze noch viel besser«, empfängt er mich, sichtlich bemüht, ernst zu bleiben. »Denn solange wir beiden uns angeregt unterhalten, spricht uns garantiert niemand an.«

Und so ist es dann auch. Wir schlagen uns die Bäuche mit den erlesensten Köstlichkeiten voll, wie ich sie noch nie im Leben gegessen habe, lassen uns kühlen Weiß- und trockenen Rotwein schmecken, genießen anschließend Kaffee und Kuchen und machen uns schließlich klammheimlich aus dem Staub.

»Lass uns irgendwo in eine Kneipe gehen«, sagt Konrad. »Ich muss dir unbedingt noch was erzählen.«

Was er mir dann in einer nicht weit entfernten Pinte bei einem letzten Bier anvertraut, schlägt, wie Hulda sagen würde, dem Fass den Deckel aus. »Ich plane einen Banküberfall.« Und als er hört, wie ich ungläubig die Luft einziehe, und sieht, wie mir die Züge entgleisen, fügt er an: »Ganz ernsthaft.«

»Schau dir so eine Aktion doch mal im Fernsehen an, zum Beispiel bei *Aktenzeichen XY ... ungelöst*«, erklärt er mir. »Das ist doch überhaupt nicht schwierig. Du besorgst dir eine Spielzeugpistole, am besten eine sogenannte Scheinwaffe. Die kann man von einer echten praktisch nicht unterscheiden. Sind zwar offiziell verboten, die Dinger, aber im Internet bei speziellen Händlern problemlos zu bekommen. Wobei es eine reine Spielzeugpistole vermutlich auch tut. Dann suchst du dir eine etwas abgelegene Bankfiliale aus, ziehst dir wegen der Überwachungskameras auffällige Klamotten an, die du nach dem Überfall möglichst schnell wieder wegwirfst, und steckst deinen Kopf in einen Strumpf. Dann musst du nur noch warten, bis das Gebäude einigermaßen leer ist, rennst rein, hältst einem Angestellten die Waffe vors Gesicht und lässt dir alles Geld geben, was sie dahaben. Dann zischst du ab. Am besten mit einem Motorrad. Damit bist du ratzfatz weg. Und sollte jemand der Polizei erzählen, dass du mit einer Honda, Suzuki oder BMW abgehauen bist, hat das sogar sein Gutes. Denn dann sucht die Polizei den Täter ganz bestimmt nicht unter uns Senioren.«

»Ist nicht dein Ernst«, werfe ich ein. Ich bin immer noch davon überzeugt, dass sich Konrad nur einen Spaß mit mir erlaubt. Wahrscheinlich ist er betrunkener, als es den Anschein hat.

Doch er winkt entrüstet ab. »Und ob das mein Ernst ist! Was habe ich denn zu verlieren? Wenn's klappt, gönne ich mir vor dem Abkratzen noch mal so richtig was. Eine Weltreise zum Beispiel wäre nicht übel. Auf einem von diesen Luxuskreuzfahrtschiffen. Oder ein Porsche Cabrio. Und wenn ich tatsächlich erwischt werde, kann ich immer noch auf dement machen. Das nehmen sie einem in unserem Alter viel eher ab als einem Jüngeren. Wenn du nämlich unzurechnungsfähig bist, können sie dir gar nichts. Aber selbst falls sie mich am Ende irgendwo einbuchten, juckt mich das für die paar Jahre, die ich noch zu leben habe, auch nicht mehr. Die verbringe ich dann eben auf Staatskosten. Hat doch auch was.«

»Na ja, wie man's nimmt«, wende ich ein und lehne seinen Vorschlag, mich an der geplanten Aktion zu beteiligen – nur als Türsteher, gegen gute Bezahlung, wie er betont –, rundweg ab.

»Aber das mit dem Leichenschmaus können wir gern mal wieder machen. Das war echt toll«, sage ich zum Abschied.

Tags darauf sind das, was ich in der Zeitung zuallererst studiere, nicht wie üblich die Politik- und auch nicht die Sportseiten. Mehr als alles andere interessieren mich die Todesanzeigen.

Totenmesse

Irgendwie scheine ich etwas an mir zu haben, was anderen Menschen die Scheu nimmt, mir etwas Geheimes anzuvertrauen. Ja was sie geradezu dazu treibt, mich in irgendein ominöses Vorhaben einzuweihen, das ihnen schon eine Weile im Kopf herumgeht und das sie jetzt mit einer vertrauenswürdigen Person bereden wollen. Denn nur eine knappe Woche nachdem mir Konrad seinen verwegenen Plan mit dem Banküberfall eröffnet hat, ruft Walter bei mir an: »Kann ich mal kurz zu dir rüberkommen? Ich hab eine grandiose Idee. Die muss ich dir unbedingt erzählen. Du wirst staunen.«

Walter ist ein ebenso alter wie guter Bekannter. Er wohnt ein paar Häuser weiter die Straße runter, ist wie Konrad Witwer und ebenfalls Vollsenior. Früher war er in führender Position in einer Werbeagentur tätig, und Ideen wie die, die er mir gleich »unbedingt erzählen« muss, hat er öfter. Das große Geld, das er sich von seinen hochfliegenden Plänen jedes Mal erhofft, hat er damit bislang zwar noch nicht gemacht, aber vielleicht ist ihm ja diesmal der Wahnsinnsknüller eingefallen. Anhören kann ich mir's allemal.

»Ja, komm vorbei. Ich bin zu Hause.«

Keine zehn Minuten später sitzt er vor mir auf dem Sofa. Und schon sprudelt es aus ihm heraus: »Weißt du, was ich demnächst organisieren werde?«

»Nein, was denn?«

Ein triumphierendes Lächeln huscht über sein Gesicht. »Eine Totenmesse!«

»Hä?«, stutze ich. »Und mit der Idee kommst du ausgerechnet zu *mir*? Wo du doch ganz genau weißt, dass ich mit der Kirche nichts am Hut habe!«

Aus seinem Lächeln wird ein verschmitztes Kichern. »Hab ich mir doch gedacht, dass du auf den Namen reinfällst. Ist aber auch wirklich ein geniales Wortspiel.« Er freut sich sichtlich über meine Verblüffung. »Messe! Das muss doch nichts mit Kirche zu tun haben. Denk mal nach.«

Plötzlich kommt mir die Erleuchtung. »Ach so. Du meinst so was wie die Buchmesse. Oder die Spielwarenmesse. Eine Art Ausstellung. Richtig?«

»Genau. Eine Verbraucherschau zum Thema Sterben. Ist die Bezeichnung Totenmesse dafür nicht genial?«

Ich schüttle nachdenklich den Kopf. »Na, ich weiß nicht. Was soll denn ...?«

Er lässt mich nicht ausreden. »In Japan gibt's so was schon länger. Haben sie erst neulich im Fernsehen gezeigt. So wie hierzulande Hochzeitsmessen zum Thema Heiraten. Schließlich hängen mit dem Tod eine Menge Sachen zusammen, die man bedenken und entscheiden muss: die Art der Bestattung, der Sarg, das letzte Hemd, die Todesanzeige, das Lokal für die Beerdigungsfeier, der Leichenschmaus und so weiter und so weiter. Ist doch toll, wenn man sich da schon zu Lebzeiten schlaumacht und die notwendigen Entscheidungen trifft. Findest du nicht?«

Ob ich das auch finde, wartet er nicht ab, sondern schwärmt gleich weiter: »Ich habe sogar schon einen genialen Spruch für die Werbebroschüren und Plakate.« Er macht eine großspurige Geste, die wohl einen fiktiven Schriftzug darstellen soll. »ÜBERLASSE TOD UND STERBEN NICHT DEINEN SCHNÖDEN ERBEN!«

»Na, ich weiß nicht«, gebe ich ein zweites Mal zu bedenken. »Das ›schnöde‹ würde ich weglassen. Das klingt zu herablassend. Außerdem geht es bei einer solchen Messe doch, wenn ich dich richtig verstanden habe, gar nicht ums Sterben als solches, sondern um das, was danach kommt.« Ich lege meine Stirn in Falten und überlege angestrengt. »Wie wär's damit?«, frage ich schließlich. »SARG, TOTENHEMD UND LEICHENSCHMAUS, DAS SUCHE DIR BEIZEITEN AUS.«

»Super!« Er klopft mir begeistert auf die Schulter. »Das ist es! Toll, wie schnell dir der Spruch eingefallen ist.«

»Na ja«, wehre ich bescheiden ab. »Klappt auch nicht immer. Was soll es denn auf so einer Messe zu sehen geben?«

»Ich hab mir gedacht, ich miete die Stadthalle für ein paar Tage und biete den einschlägigen Firmen an, dort ihre Stände aufzubauen. Gegen ein angemessenes Entgelt natürlich. Schließlich habe ich mit der Organisation eine Menge Arbeit. Da muss für mich schon was rausspringen.«

»Und wer soll eine solche Ausstellung besuchen?«, frage ich. »Und was erwartet ihn dort?«

»Nun ja, sterben müssen wir schließlich alle. Da sollten wir uns doch die Mühe machen, noch zu Lebzeiten die näheren Umstände zu klären. Wobei entscheidend ist, dass wir unsere Vorstellungen präzise und vor allem schriftlich festlegen. Am besten in einer Art Anlage zum Testament. Deshalb wäre auf der Messe schon mal ein Notar nicht verkehrt, der sich mit den einschlägigen Formalitäten auskennt. Dann natürlich sämtliche Bestattungsunternehmen aus der näheren und weiteren Umgebung. Damit man vergleichen kann, was die so im Angebot haben und was es kostet. Vielleicht gibt's ja, wenn man gleich mehrere Beisetzungen im Voraus ordert, eine Art Mengenrabatt. Außerdem wär's doch toll, mal in diversen Särgen – da gibt's ja jede Menge unterschiedlicher Typen – Probe zu liegen. So wie zu Hause im Bett, und ...«

»Das ist nicht dein Ernst«, falle ich ihm ins Wort. »Wozu soll das denn gut sein? Schließlich ist man doch tot, wenn man in den Sarg kommt. Da juckt es einen doch nicht mehr, ob man reichlich Platz hat oder eher reingequetscht wird wie ein Fettsack in einen Flugzeugsitz.«

Walter winkt ab. »Das sagst du, weil du nicht an Gott glaubst. Aber wer von einem Leben nach dem Tod überzeugt ist – und das sind eine Menge Leute –, dem kann es doch alles andere als egal sein, wie er im Sarg liegt. Mein Vater zum Beispiel hat seinen Tod am Ende regelrecht herbeigesehnt, weil er fest daran geglaubt hat, im Himmel oder wo auch immer meine Mutter wiederzusehen. Meinst du, er wollte der dann völlig verkrümmt entgegentreten? So als hätte er gerade einen Bandscheibenvorfall erlitten? Und denk vor allem an den Seniorchef im Himmel. Wenn man vor dem antreten und seine Sünden bekennen muss, will man das doch in würdiger Haltung und nicht mit vor lauter Kreuzschmerzen verzerrtem Gesicht tun.«

»Wenn du meinst«, sage ich. »Es ist überhaupt zu überlegen, *wie* man beerdigt wird. Schließlich gibt es da sehr unterschiedliche Varianten.«

»Gute Idee«, lobt er. »Du meinst Erd- oder Urnenbestattung, richtig? Und dann gibt es, glaube ich, noch die Möglichkeit, seine Asche auf einer anonymen Wiese verstreuen zu lassen.«

»Genau«, stimme ich zu. »Das würde Hulda und mir zusagen. Wenn ich mir vorstelle, wie Raupen und Ameisen sich an unseren Überresten gütlich tun. Und wie wir den Blumen als Dünger dienen. Das hat doch was. Da wären wir sogar als Leichen noch zu etwas nütze.«

»Das kannst du auch anders haben«, meint Walter. »Indem du nämlich deinen Körper einem anatomischen Institut vermachst. Hat ein Bekannter von mir getan. Da bekommst du, nachdem du fachmännisch zerstückelt worden bist, eine Beerdigung auf Staatskosten. Und hast vorher noch der Wissenschaft einen Dienst erwiesen.«

Ich nicke. »Klingt auch nicht schlecht. Wenn ich mir vorstelle, wie eine schnuckelige Studentin an meinem ...«

Walter lacht laut auf. »Davon hast du dann auch nichts mehr. Mir persönlich würde ja eine Seebestattung gefallen. So mit Asche auf dem Meer verstreuen. Und dabei *Junge, komm bald wieder* singen.«

»Klingt romantisch«, stimme ich zu. »Aber wenn du Pech hast, ist am Beisetzungstag Scheißwetter mit heftigem Seegang, und später heißt es dann: *Weißt du noch, wie wir bei Walters Bestattung alle gekotzt haben?* Nein, so möchte man doch nicht in Erinnerung bleiben.«

Walter neigt nachdenklich den Kopf hin und her. »Ist in der Tat ein vielschichtiges Thema. Muss ich noch genauer drüber nachdenken. Aber was ich vor allem toll fände, ist noch etwas ganz anderes. Dass man nämlich den Text für seine Todesanzeige in der Zeitung selbst festlegen kann.«

»Richtig«, sage ich. »Muss doch nicht immer derselbe Schmus sein. *Nach langer schwerer Krankheit verschied unser überaus geliebter Ehemann, Vater, Opa, Schwiegervater* und so weiter und so weiter. Warum nicht mal was Frisches, Unkonventionelles?« Wieder denke ich eine Weile wortlos nach. Dann verkünde ich grinsend: »So in der Art wie: *Er hat nach langem Leben den Löffel abgegeben.* Also, mir würde so ein Text gefallen. Zumal er sich so schön reimt. Dir nicht?«

»Doch«, bestätigt er. »Ist echt nicht schlecht.« Er legt die Stirn in nachdenkliche Falten. Dann deklamiert er breit grinsend: »Oder: *Ist das nicht beschissen? – Fritz hat ins Gras gebissen.*« Er lacht meckernd.

»Einen hab ich noch«, sage ich. Denn soeben ist mir wieder der Grabspruch eingefallen, den wir seinerzeit unserem verhassten Mathelehrer Hösele, einem schrecklichen Steißtrommler, auf den Grabstein schreiben beziehungsweise in ihn eingravieren lassen wollten.«

»Lass hören!«

»Der, für den wir uns den Spruch mal ausgedacht haben, war einer unserer Lehrer. Ein Urschwabe. Daher haben wir den Text ein wenig mundartlich konzipiert: *Sein Lebensfaden ist gefatzt, der Hösele ist abgekratzt.*«

Walter kichert kurz, dann fährt er fort: »Mir persönlich wäre zudem wichtig, präzise festzulegen, wer alles eine Todesnachricht bekommt. Meine ehemalige Chefin, die blöde Frau Katzmeier-Lüttighausen zum Beispiel, darf auf keinen Fall eine erhalten. Die alte Zimtzicke würde sich über die Nachricht von meinem Ableben ein Loch in den Bauch freuen. Nein, das gönne ich der echt nicht.«

»Kann ich nachvollziehen«, stimme ich zu. »Mir dagegen wäre vor allem wichtig, dass der Leichenwagen, der meinen Sarg transportiert, auf keinen Fall ein Opel ist. Ich hatte nämlich früher mal einen Kadett, mit dem hatte ich von Anfang bis Ende nur Scherereien. Seitdem ist Opel für mich tabu. Auch wenn die Autos heutzutage sicher besser geworden sind. Nein, mein Sarg kommt auf keinen Fall in einen Opel.«

»Ja, und dann das Totenhemd. Ich meine, die Klamotten, in denen ich aufgebahrt werde. Die sollen doch den Leuten, die mir die letzte Ehre erweisen, noch einmal ins Gedächtnis rufen, was für ein flotter Kerl ich war. Da möchte ich doch nicht im dunklen Anzug im Sarg liegen, vielleicht sogar mit Krawatte. Ausgerechnet ich, der ich so ein steifes Outfit zeitlebens verabscheut habe. Nein, mein letztes Kleidungsstück soll ein Trikot meines Lieblingsfußballvereins sein. Spielvereinigung Börderingsweiler. Mit der 10 auf dem Rücken.«

»Und so willst du dann vor deinen Herrn treten?«, frage ich breit grinsend.

»Warum nicht?«, antwortet er ernsthaft. »Gott achtet doch bekanntlich nicht auf das Äußere, sondern sieht allein die Seele.« Er macht eine nachdenkliche Pause, dann sagt er: »Und an meiner wird er, da bin ich ganz sicher, seine Freude haben. Außerdem hab ich mal wo gelesen, dass Jesus pro Tag bis zu 40 Kilometer gewandert ist. Das ist eine körperliche Höchstleistung, auf die sein Vater sicher mächtig stolz war. Man kann also davon ausgehen, dass Gott für Sportler wie mich grundsätzlich etwas übrig hat.« Er macht eine längere Pause und fährt dann nachdenklich fort: »Hoffe ich jedenfalls. Was ich mir außerdem noch gut vorstellen könnte, wäre eine Art Toten-Tombola. Bei der jeder, der kurz vor dem Verscheiden ist, noch schnell ein Los ziehen darf. Vielleicht mit einem prunkvollen Grab in der Krypta der Stadtkirche als Hauptpreis. So wie das von Otto dem Großen im Magdeburger Dom oder von Isaac Newton in Westminster Abbey.«

»Na ja, das finde ich jetzt nicht den Brüller«, wende ich ein. »Mag sein, dass es Menschen gibt, die dir Lose abkaufen, aber ich ganz sicher nicht. Ich möchte nämlich auf gar keinen Fall in einer Kirche beigesetzt werden. Und der zweite Preis?«

»Vielleicht ein nobler Sarg aus Zirbelkiefer«, schlägt Walter vor. »Mit Messinggriffen und einem eingeschnitzten Bild des Verblichenen. Und einem Glockenspiel mit einer präzise auf den Toten abgestimmten Melodie. Wenn der Dahingeschiedene zum Beispiel Hans heißt oder hieß, könnte ich mir sehr gut *Aber Mutter weinet sehr, hat ja nun kein Hänschen mehr* vorstellen.«

»Superidee«, lobe ich. »Aber sprechen wir mal über den Leichenschmaus. Ich finde, den und das zugehörige Lokal sollte sich ein Sterbender unbedingt schon vor seinem Tod aussuchen dürfen. Schließlich ist es ja gewissermaßen das letzte Mal, dass er Gäste bewirtet. Da will er doch, dass sie ihn in ehrenvollem Andenken behalten. Und wann tun sie das? Wenn es was Gescheites zum Essen und Trinken gibt.«

Dabei geht mir unwillkürlich das opulente Büfett anlässlich des Hinscheidens der allseits verehrten Herzogin von Lessmann-Trudelbach durch den Sinn. Klar, so etwas Pompöses kann ich mir nicht leisten, aber etwas Anständiges soll es schon sein. Schließlich will ich ja, dass die Leute später gern und mit Respekt über mich reden und sagen, was für ein großzügiger Mensch ich doch selbst im Tod noch war. Ein derart ehrenvolles Gedenken an ihren Vater und Opa kommt ja schließlich auch meinen Kindern und Enkeln zugute. Deshalb können die für eine würdevolle Leichenfeier ruhig einen ordentlichen Betrag von ihrem Erbe abzwacken.

»Also, ich weiß nicht«, wendet Walter ein. »Unter den Gästen bei deiner Leichenfeier sind doch sicher auch einige, denen du allenfalls eine Bockwurst gönnst, oder?«

Ich nicke eifrig. »Ja sicher. Das wäre überhaupt der Knüller, wenn man das schon vor seinem Ableben festlegen könnte. Die und die bekommen Hummer, Kaviar und Champagner, andere ein Schweineschnitzel mit Salat und Bier und ein paar nur Salat, ohne Bier.«

»Das kannst du doch nicht bringen«, wirft Walter ein. »Was sollen die Salatesser denn von dir denken?«

»Das ist doch gerade der Gag«, sage ich. »Du bist dann ja tot. Da können sie von dir denken, was sie wollen. Zu Lebzeiten musst du ja zu diesem und jenem immerzu freundlich sein, auch wenn er der allerletzte Kotzbrocken ist. Denk doch nur an deine Chefin, die blöde Katzmeier-Lüttighausen. Da wäre es doch ein tröstlicher Gedanke, wenn du der wenigstens posthum noch so richtig eins reinwürgen könntest. Da stirbt sich's doch gleich viel vergnügter, meinst du nicht?«

»Na ja«, grinst Walter, »da ist schon was dran.«

»Außerdem soll der Leichenschmaus ja nicht in der hinterletzten Pinte stattfinden«, nehme ich den Faden wieder auf. »Deshalb solltest du zu deiner Messe auch die hiesigen Gastwirte einladen, damit sie ihr Lokal samt stilvoller Trauerdeko und vor allem ihr posthumes Speiseangebot präsentieren können. Auch wenn man natürlich noch keine Plätze reservieren kann.«

»Du siehst«, sagt Walter und lächelt mich beseelt an, »so eine Totenmesse ist gar keine schlechte Idee. Ich denke, dass sich eine Menge Leute dafür interessieren. Und gutes Geld machen lässt sich damit bestimmt auch. Auf alle Fälle ...« – wieder macht er eine längere Pause, und ich bin gespannt, was noch kommt – »... verliert das Sterben so doch eine Menge von seinem Schrecken. Findest du nicht?« Er legt mir eine Hand auf die Schulter und drückt mich freundlich. »Jedenfalls vielen Dank für deine konstruktive Mitarbeit.«

Damit erhebt er sich, wirft mir im Hinausgehen noch ein »Wir bleiben in Kontakt« zu und schlägt gleich darauf fröhlich pfeifend die Haustüre zu.

Im Hintergrund höre ich die Totenglocke auf dem nahen Friedhof bimmeln.

Was sich liebt ...

Samstagmittag. Hanna ist mal wieder mit Hilaria und Helmine bei uns zum Essen eingeladen. Es gibt Kohlrouladen, die anerkanntermaßen niemand so gut macht wie Hulda. Dazu Kartoffelbrei – ein Gedicht!

»Echt super, Oma«, lobt Helmine mit vollem Mund, und ihre Schwester stimmt ihr heftig kauend zu.

Obwohl Hulda nicht ihre leibliche Großmutter ist, nennen die Mädchen sie ebenso wie Hannes' Söhne schon seit Langem Oma. Worüber sie sich immer wieder freut. Da alle eifrig mit In-den-Mund-Schieben, Schlucken und Genießen beschäftigt sind, wird kaum gesprochen. Das ändert sich erst, als Hulda das schmutzige Geschirr abträgt, wobei ihr Hilaria und Helmine unaufgefordert zur Hand gehen.

»Sehr nett von euch«, lobt Hulda. Dann, in meine Richtung: »Daran könnte sich euer Opa ein Beispiel nehmen.«

Abrupt unterbreche ich mein Gespräch mit Hanna. »Woran?«

Hulda verdreht die Augen. »Das weißt du ganz genau. Du könntest mir auch ruhig hin und wieder mal behilflich sein.«

»Na, hör mal«, brause ich auf. »Ich habe erst gestern die Spülmaschine ausgeräumt.« Und füge, da Hulda dazu schweigt, hinzu: »Wofür du dich übrigens mit keinem Wort bedankt hast.«

Hulda runzelt missbilligend die Stirn. »Bedankt? Warum das denn?«

»Na, eben darum. Weil ich die Spülmaschine ausgeräumt habe. Ganz ohne Aufforderung. Eigentlich ist das doch deine Sache.«

»Warum ist das Omas Sache?«, mischt Hilaria sich ein.

»Na, weil das eindeutig zu Küche und Haushalt gehört. Und damit in ihr Ressort«, erkläre ich und bemühe mich, dabei gelassen und überlegen zu wirken.

»Also, bei uns macht das jeder mal«, erklärt Helmine. »Normalerweise die, die als Erste in die Küche kommt, nachdem die Maschine fertig ist.«

»Ihr seid ja auch Mädchen«, winke ich ab. »Das ist etwas ganz anderes.«

»Also Papa!«, stößt jetzt Hanna hervor. »Das ist doch wohl nicht dein Ernst.«

»Doch, ist er«, nimmt mir Hulda die Antwort ab und verdreht dabei theatralisch die Augen. »Was die Rollenverteilung im Haus angeht, sind seine Ansichten so was von altmodisch, man glaubt es nicht.« Sie wendet sich wieder an mich: »Dann ist das Klodeckel-Schließen wohl auch Frauensache, oder?«

Ich schüttle den Kopf. »Wie kommst du jetzt *darauf*?«

»Weil du den Deckel grundsätzlich oben lässt. Immer bin ich es, die ihn runterklappt. Erst heute Morgen wieder ...«

Ich zucke mit den Schultern. »Ist doch egal. Mich stört es jedenfalls nicht, wenn er offen steht.«

»Aber mich«, beharrt Hulda auf ihrem Standpunkt, und ein kurzer Rundumblick auf die drei anderen Damen am Tisch, die zustimmend nicken, zeigt mir, dass ich offenbar der Einzige bin, der so denkt.

Aber das soll mich jetzt nicht kümmern. »Einen Deckel, der offen bleibt«, erkläre ich entschlossen, »muss man nicht jedes Mal umständlich hochklappen. Das spart nicht nur Zeit und Mühe, sondern ist zudem wesentlich hygienischer, weil man das Ding dann nicht ständig anfassen muss. Sind doch jede Menge Bakterien dran. Außerdem ...«

»Und warum hat die Kloschüssel dann überhaupt einen Deckel?«, fährt mir Hulda in die Parade. Ihre Stimme hat an Lautstärke zugelegt und einen deutlich schneidenden Beiklang angenommen. »Etwa zur Zierde, he?«

Doch so schnell gebe ich nicht klein bei. »Von mir aus bräuchte sie keinen zu haben«, erkläre ich standhaft. »Schließlich spült man ja nach jeder Benutzung. Sofern man dabei auch noch eine Klobürste benutzt, sieht das Innere danach aus wie ein Waschbecken. Und hat schon mal jemand ein Waschbecken mit Deckel gesehen?« Wenn das kein stichhaltiges Argument ist!

Tatsächlich bleibt Hulda kurz die Sprache weg. Offensichtlich fällt ihr keine vernünftige Erwiderung ein.

Die Pause nutzt Hilaria, um tief seufzend zu verkünden: »Ihr seid schon ein originelles Paar, ihr zwei.«

Wie auf ein geheimes Kommando blicken Hulda und ich uns an. »Wir?«, stoßen wir gleichzeitig aus. »Warum das?«

»Ja, ihr«, erklärt Hilaria. »Weil ihr die ganze Zeit streitet.«

»*Wer* streitet?«, frage ich kopfschüttelnd, und Hulda ergänzt in meine Richtung: »Streiten wir?«

»Nicht die Spur«, sage ich, und Hulda nickt zustimmend.

»Na ja.« Hilaria scheint nicht überzeugt. »Dann habt ihr eben permanent Meinungsverschiedenheiten.«

»Das kommt schon hin und wieder vor«, gebe ich zu. »Aber das hat doch nichts mit Streiten zu tun. Nur weil man verheiratet ist, muss man doch nicht immerzu dieselben Ansichten haben, oder?«

Das »oder« gilt Hulda, die auch sofort eifrig nickend zustimmt: »Genau. Was wir tun, ist nicht streiten, sondern debattieren.«

»So ist es«, bekräftige ich. »Wenn das streiten wäre, müsste ich eurer Oma ja ständig böse sein.«

»Und das bist du nicht?«, fragt Helmine mit hörbarem Zweifel in der Stimme.

»Ach wo, nicht die Spur«, lache ich, und Hulda ergänzt: »Solange man noch miteinander diskutiert, ist doch alles in bester Ordnung. Problematisch wird eine Beziehung erst, wenn die Beteiligten stumm nebeneinanderher leben.«

»Na, davon kann bei euch ja wirklich nicht die Rede sein«, erklärt jetzt Hanna. »Zumindest nicht, solange wir bei euch zu Besuch sind.«

»Eins steht jedenfalls fest«, erklärt jetzt Hilaria. »Wenn Emil so mit mir umginge wie Opa mit Oma, hätte ich schon längst mit ihm Schluss gemacht.« Dazu muss man wissen, dass Emil ihr aktueller Freund ist. Soweit ich weiß, seit einem knappen Vierteljahr.

»Großer Gott!«, stößt Hulda hervor. »Wegen derartiger Lappalien gleich Schluss machen? Das ist ja das Letzte!«

»Das finde ich aber auch«, stimme ich zu. »Wo Oma und ich es doch so schön zusammen haben. Stimmt's, Hulda?«

»Ja, klar«, ergänzt meine liebe Ehefrau. »Kennt ihr nicht das alte Sprichwort *Was sich liebt* ...?«

»... *das neckt sich*«, ergänzt Helmine. »Wenn ich euch so höre, scheint da ja echt was dran zu sein.« Sie wendet sich Mutter und Schwester zu: »Dann können wir ja nur hoffen, dass ihr auch weiterhin jede Menge Grund zum Necken habt.«

Hulda lächelt mich ganz lieb an und haucht mir einen Kuss auf die Nasenspitze. »Ja, das wäre prima. Ich habe euren Opa nämlich ganz arg lieb. Auch wenn er manchmal schon sehr eigenwillige Ansichten hat.«

»Über meine Ansichten kann man vielleicht geteilter Meinung sein«, sage ich. »Fest steht jedenfalls, dass auch ich dich sehr, sehr gern habe.«

»Dann bin ich ja erleichtert«, meint Helmine und atmet hörbar aus. »Ich hatte schon befürchtet, ihr trennt euch.«

»Wäre das denn so schlimm für euch?«, kann ich mir jetzt nicht verkneifen zu fragen.

»Und ob«, nicken Hanna und ihre beiden Töchter im Gleichklang. Und Helmine ergänzt: »Wer würde denn dann Kohlrouladen für uns machen?«

208 Seiten
12,99 € (D) | 13,40 € (A)
ISBN 978-3-7423-0446-9

Jürgen Brater

Pfeif drauf – morgen hast du's eh vergessen!

Vom Vergnügen, entspannt alt zu werden

Endlich Zeit für den eigenen Garten. Oder für ausgiebige Urlaube, unabhängig von allen Ferienzeiten. Und lange, nette Weinabende mit guten Freunden – wann immer Sie Lust darauf haben!

Moment – das klingt so gar nicht nach Ihrem Alltag jenseits der 60? Weil Sie viel zu sehr damit beschäftigt sind, ermüdende Gespräche über Krankheiten zu führen oder mal wieder auf die Enkel aufzupassen, weil deren Eltern »ganz spontan« etwas dazwischengekommen ist? Schluss damit!

Lassen Sie sich von Jürgen Brater in den Ruhestand führen, von dem Sie immer geträumt haben. Pfeifen Sie auf Jammer-Else, sozialen Dauereinsatz und Faltenfreiheit. Denn wenn jetzt nicht der richtige Zeitpunkt ist, das Leben zu genießen – wann denn dann?! Es ist nur ein kleiner Schritt zu einem gelassenen, vergnügten Älterwerden.